大展好書 好書大展

大展好書 好書大展

心靈雅集

44

因果報應法則

李常傳／編譯

大展出版社有限公司
DAH-JAAN PUBLISHING CO., LTD.

序言

一位朋友死亡，促使我對靈界有更進一步的瞭解。他因癌症的折磨，受盡痛苦而亡故，死亡經過十分悽慘，叫人不忍聽聞。那時我百感交集，心想：「既然誰都不免一死。何不了無牽掛，灑灑脫脫的去呢？」

我是一名演員，生性灑脫不希望死得太慘。怎麼才算死得灑脫，了無牽掛呢？首先想一想「為什麼會怕死呢？」一言以蔽之，就是不瞭解死後的世界，所以才會談死色變，如果能夠洞悉死後的世界，就可以事先覺悟，不至於談死色變。

我認為是否能夠灑脫地迎接死亡，關鍵在於了解「死後會如何？」

我就這樣前後數十年，朝夕埋首研究有關「死」與「死後世界」的問題，從每一個角度去研究。

除了有關東西靈界的著述，我還孜孜不倦的翻閱談論天堂、地獄的書籍，並閱讀了許多關於死亡及近似死的醫學、文獻，於是我想像中的靈界景象就浮現出來了。我相信人在死亡後會進入靈界，並且最後會抵達某處。

在研究過程中，我碰到了種種疑問，那就是人世與靈界的因果關係。死後下地獄是怎麼一回事？上極樂世界又是如何？一般人傳說的閻王審判是否真的存在？

我所獲得的結論是：人在死後並不是受他人審判，而是根據他在人世的所作所為，自己決定自己的路。生前我們老是被種種欲望及煩惱所盤據。在「摩訶止觀」這部教典記載着：即使業已開悟的佛，其內心仍然有煩惱，以及為惡之念。佛尚且如此，遑論凡人如你我。

我們這些凡夫俗子，不是百分之百的善良，也非百分之百的邪惡。有時惡念頓起，有時善心萌芽，人生也就成了善與惡的抗爭史。

基於這種道理，孟子主張的人性本善的「性善說」，以及荀子主張的人性本惡的「性惡說」，兩者都算是正確的。我在這本書裏面所提出的論點，無一不強調人世赤裸裸的生活與靈界之間的關係。

雖然我們在人世的壽命已盡，但靈魂仍然會在另外一個世界繼續生存。死亡只不過是從人世遷移到另外一個世界，並非意味着終止。由此看來，最大的課題是「人應該如何的生存」以及「人應該如何的死亡」。

所以，只要知道靈界的情形，就不會害怕死亡了。

目錄

序　章　因果的法則確實存在

死亡並非一切終了

「死亡等於一切終了」——我得鄭重的告訴你，如果你有這種想法，那就大錯特錯了。儘管肉體已經死亡，甚至燒成了灰，或者埋入土壤裏，但你的靈魂却會轉移到另一個世界——靈界，變成另外一個生命體，永久的生存下去。

換句話說，我們的「生」並非在某一個時點斷絕，而是「改頭換面」永遠的持續下去。由此可見，我們在這個世界時，爲了滿足欲望而採取的享樂主義、利己主義，實在是荒唐又毫無意義。不但如此，甚至可能變成惡魔式的行徑。這一句話怎麼說呢？

既然有靈界跟這個世界相對，那麼你在這個世界所造的「業」，必須自己負責，到了那個世界（靈界）就得付出代價。

耶穌說過「撒什麼種子，就收什麼作物」。世上有許多亙古不移的眞理，可是沒有比這一條更可怕的眞理。那就是：一個人確實要負責自己的行爲。惡因變成惡果、善因導致善果。因果法則的可怕處就在這裏。

「受苦就是罪業的報應」，這種想法永遠不會落伍，此乃是靈界永恒的規則，也是至高無上的理論。

投鏢似的業報

以醫學催眠透視聞名遐邇的愛德華・凱西，把這種惡因惡果稱爲「業」。所謂的「業」譯自梵語的「卡爾瑪」，也就是「行爲」的意思。但是在哲學方面，却意味着「支配所有人類行爲的因果律，作用與反作用」。

研究印度哲學的艾遜把這解釋爲「償還的法則」，與基督所說的「撒什麼種子就收什麼作物」，含義可以說相同。牛頓的運動第三法則說「所有的作用都有跟它相等的反作用」。這不僅是物理上的法則，在人世與靈界亦有重大的意義。

「業」可用「投鏢」來比擬，像澳洲土著投出的「普美蘭」，會飛回投出者的手中一般。危害他人者，必定受到報應。

誰都可能入地獄

佛教的地獄思想即「自業自得」。我們一般人平常也慣於用「自業自得」這一句話。但是口頭上用的「自業自得」，跟佛教上的意義相去甚遠。我們一般人的解釋是「自己所播的種子，自己收穫」，但是在佛教上，所謂的「業」另有別的意義，不可混爲一談。

佛教所謂的「業」，是指身業、口業以及意業等「三業」。所謂「身業」指實際的傷人。就算沒有實際的去傷人，只在嘴裏說「我眞想揍你！」（口業），或甚至只在內心裏想着「有一天，我要叫你好看！」（意業）也會造成罪行，而這個「業」就要由自己去承擔了。

這實在是太嚴厲了！由「三業」的尺度來看，我們在日常生活裏幾乎都很難避免。

叫人看不順眼的伙伴、上司、部下、鄰居……相信沒有這種不如意事出現的

日子，一定少之又少。

彈鋼琴的聲音擾人清夢、孩童鬧翻了天、卡拉OK的音樂震耳欲聾、方城之戰到深夜還不罷休、任憑大狗小狗窮吠個不停，諸如此類，令人不愉快的鄰居可眞不少呢。

對於這些噪音的製造者，相信你也曾經萌出「想揍他」的念頭。這種「業」到了那個世界，就會以處罰的方式降臨到你身上，就是所謂的「自業自得」。由此看來，每一個人都有入地獄的可能。

惡因惡果，善因善果

很多人認爲現世是「表」面的世界（有的世界），而靈界是「裏」面的世界（無的世界）。換句話說，以爲死亡就一了百了，任何事物都將歸之於無。

但是憑什麼決定那邊是「表」，那邊是「裏」呢？因爲從靈界看來，人世正是「裏」面。

人世與靈界之間有什麼關係呢?關於這一點我認爲應該這樣解釋:「人世是靈界的一部份,也就是說,人世包含在靈界裏」。例如:有一個房間裏擺着一張桌子,桌子上面放置一個玻璃杯。這個玻璃杯正是人世。

整個房間屬於靈界,而人世就包括在靈界中。如此說來,我們所居住的人世到底有什麼規律呢?

我們的行爲及意識都受因果律所支配。

我們在這個人世的所作所爲是爲「因」,而在靈界以「果」出現。善因成善果,惡因成惡果。

身死以後,我們的靈魂將循各種路線離開人世。有些人到靈界;有些人墮入地獄;更有些人再困於人世,變成邪惡的陰靈作祟害人。

但是那些極少數大忠大孝、造福人群的善魂,將上升到比靈界更高的天界。

我在這本書裏面所詮釋的是:各種路線與因果報應的關係。閣下閱讀這本書以後,不妨想想自己「身謝」之後呢?關於這一點,可循因果律來窺出一般。

我洋洋灑灑的寫成一本書,無非敍述死亡與因果的關係。我們如何出生?死後又如何?爲了使死後的生活愜意，應該過怎麼樣的生活?這本書的目的，正是詮釋這一連串的問題。我相信這本書是打開「靈界」的一把鑰匙，而這一點，正是今天的科學準備接觸的。

第一章　從這個世界到那個世界

這個世界的歲月度完，就進入另外一個世界了

為了理解「因果」的原因及結果，非得先確定人世與靈界的存在不可。是故，我必須先敍述「死到靈界為止」。

與人世相對的那個世界——靈界，早在七千年以前的著作，就有非常生動的描寫。

到目前為止，只要有機會，我都不厭其煩的說人世到靈界的種種經過，但是接觸這本書的人，或許是頭一遭聽到靈界，所以我還是要把重點說出來。

①從死亡到靈界的旅行

生命終止的瞬間是無法感覺到的。但是行往靈界卻不斷的進行。不管有沒有「死」的痛苦，只要你感覺到一股深不見底的漩渦把你捲進去，那就是在人世最後的感覺。

不久在遙遠的地方，響起了細小，但是充滿了嚴肅的聲調，不時在呼喚你的名

字。這時，靈的你開始甦醒了。

有時，你也會聽到令人不快的聲音（嗡嗡如蜜蜂飛翔的聲音，或者彷佛工廠發出來的噪音），好像在隧道裏，又好似在稍暗，而只有肩膀寬的筒中，迅速的上昇好幾千公尺。

當你清醒時，將發現自己飄浮在房間的天花板上，向下俯視自己的屍體。

朋友及家人圍著你的屍體哭泣，你大感困惑，因爲你覺得自己好端端的，爲什麼家人把你當成「死人」看待？你覺得匪夷所思，莫名其妙，好像在看第三者似的。你實在弄不清楚自己爲什麼死了，爲什麼能離開自己的肉體，飄浮在高高的地方？總之，感覺到非常不安。在這當兒，突然被眩目的白光所包圍。一旦碰到了這種發光體，你的不安、恐懼立刻消失殆盡，內心有「我眞想一直在此地」的念頭。

被發光體包圍，感到無比暢快，你的耳朵彷彿聽到了什麼聲音。「××先生」你聽到有人叫你的名字，隨着一陣銀鈴似的悅耳之聲，有人靜悄悄的接近你。

在無意識之下，你被吸引到那個人面前，彼此目不轉睛的凝視着。

這時不必任何的語言，只要互相凝視就夠了。這正是所謂的「一切盡在不言中」，彼此的心意已經溝通，你很自然地在他引導之下移動脚步。

人世與靈界之間的精靈界

②抵達靈界的入口

在引導者領路之下，你所抵達的地方，乃是前所未見的大盆地。遠處是白雪覆頂的山巒，河流蜿蜒，森林蓊鬱，景觀跟人間幾乎相同。來到此地，引導者不知不覺的消失了。這個世界正是「精靈界」，乃是靈界的入口。

你在精靈界會碰到想像不到的事情。

頭頂上有一大片雲彩，它所形成的銀幕上會映出你畢生的所作所爲。使人心驚膽顫的是：它不僅映出你在人世實際的行爲，連你的潛在願望，內心所想的事，都毫不保留的映出來。

這種雲層所形成的銀幕，猶如孽鏡台，使你不得不承認自己應歸於那一類，承

第一章　從這個世界到那個世界

認自己的靈格。

任何人或多或少都有邪惡的一面。不能對他人表白的事，在雲層的「孽鏡台」都會毫不保留的映出來。然後你一步一步的還回自己本來的面目，變成「原原本本」的你。

不通過精靈界而想直接往靈界，極爲艱難，可以說絕對辦不到。所謂的精靈界，有如潛水夫到適當的水深處「蓄壓」，以便調節水壓浮到水面來，爲了在靈界「浮起」，只好在中途的精靈界調節一下自己。

此地所謂的「調節」意指什麼呢？每一個人生前幾乎都戴着假面具，不會把眞正的自我流露出來，好像演戲一般，多多少少自欺欺人。

「調節」就是把假面具取下來，不要再演戲，也不必欺人，把心原原本本的露出來。到精靈界的目的就是這樣。

到了精靈界「欺騙」兩個字是行不通的。也就是說，貓不能戴着狗的假面具，老鼠也不能披上貓的外皮。貓就是貓，狗就是狗，老鼠仍然是老鼠，一點也假不得，赤裸裸的以眞面目進入靈界。

換句話說，善就是善，惡就是惡，不管你願不願意，你的本性會完全暴露出來，讓人一目瞭然。

幾乎所有死者的靈魂在抵達精靈界時，都以爲自己還活着，就算已經察覺肉身已死亡，但是感覺一如生前，著實令人非常驚訝。爲了使這些靈魂進入靈界，精靈界有三種準備。

第一階段，仍然留有人世的記憶，以及人際關係的虛僞。說謊的習慣仍然存在。

到了第二階段，人世的記憶逐漸的消失，變成靈魂本來的面貌。

到了第三階段，眞正的性格就完全暴露出來。例如：性慾強烈；故作敦厚，暗地裏卻勾心鬪角；表面上很照顧伙伴，私底下卻幸災樂禍等等，眞正的性格完全暴露無遺。

一言以蔽之，恢復「眞正自我」的速度，小學程度者比大學畢業者迅速。同樣的道理，窮人比富人快。

精靈界的生活以三十年爲極限，但是有一些靈魂一兩天就「畢業」了。完全的恢復自我之後，立刻啓程到靈界。

渡過三途之河

③啓程往靈界

到靈界的旅程突然來到。一個人無法知道是否已恢復「眞正的我」。因此在完全沒有預兆之下，啓程到靈界的機會就來臨了。當你在廣大無際的精靈界原野發呆時，白雪皚皚的山巒突然迫近你的眉睫。你連驚叫一聲的時間都沒有，幾萬公尺高如海嘯似的山巒已經展現在眼前。

你或許會驚嚇過度而兩脚發軟，動彈不得。就在你大驚小怪的瞬間，那些山巒發出了驚天動地的聲響，然後分裂爲二。

你彷彿夢遊一般，踽踽地步行在長達幾萬公尺的山谷，然後就能看到一片浩瀚無際的海洋。不同的民族、不同的時代，這種說法卻不約而同。這一片汪洋雖然名爲「三途之河」，但是無涯無岸。你一開始在水面上步行，不知不覺之間，又變成在河面上飛行。

死後將往何處？

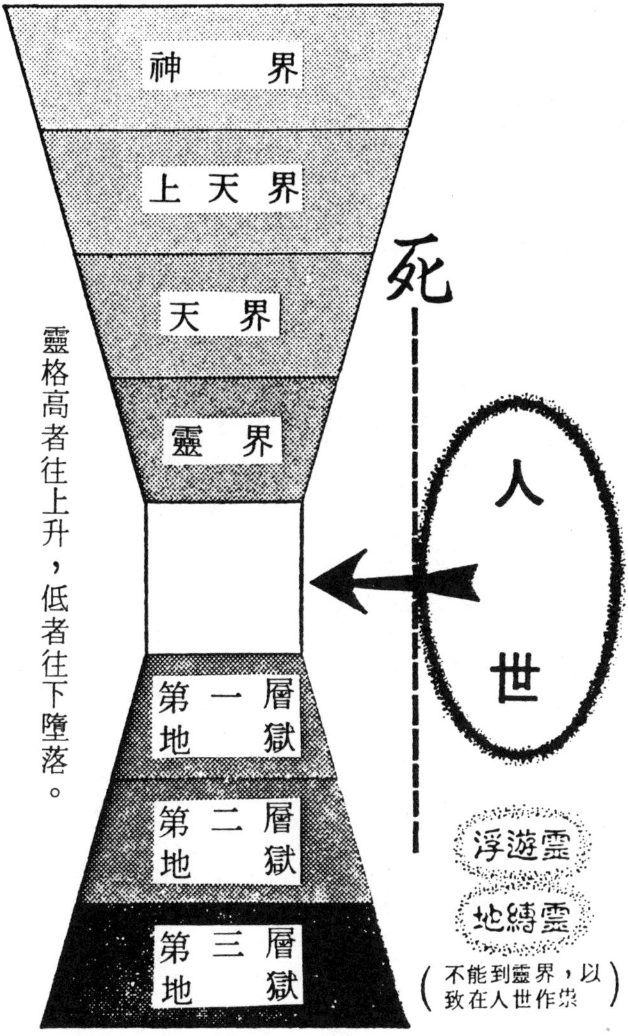
神　界
上天界
天界
靈界
第一層地獄
第二層地獄
第三層地獄
死
人世
靈格高者往上升，低者往下墮落。
浮遊靈
地縛靈
（不能到靈界，以致在人世作祟）

回歸到自己的村落

④抵達靈界的入口

飛行一段時間之後，你會站立在廣漠、燒焦、靜寂的死亡世界。在這個寂寥莊嚴的世界一會兒，幾萬公里外就響起呼叫你的聲音。呼聲來了，你的身旁又出現了迎接的靈魂。

那些凝視你的靈魂，立刻知道你在人世所種下的「業」。因爲瞬間就能洞悉你的經歷、人格、惡行或者善行，所以一刹那間便能決定「帶你走」或者「不能帶你走」。那些來迎接的靈魂對你不合意的話，很快就會消失。如此一來一去，有時前後共有好幾百個靈魂。

這些來迎接的靈魂到底是誰呢？原來他們是你即將前往定居的村落裏的伙伴。最後你由合意的靈引導，回歸到屬於你的村落。

⑤進入靈界的村落

引導的靈跟你不久抵達高一些的山丘上。從那裏俯瞰極爲壯觀的盆地。遙遠之處峯巒連綿，中央却是一片汪洋。遼闊的盆地中央有山谷、河川、丘陵，散佈着成千上萬的村落。你要回去的地方，就是其中之一。

你將回歸的村落，其中的居民無論是性格、興趣、思想方面都跟你一模一樣，簡直就是你的分身。這個村落正是佛敎「阿彌陀經」所說的西方十萬億佛土，該村落的居民，才是你眞正的家族。

我已經大略的敍述死後到靈界的過程。事實上，除了這條路線之外，尚有人上昇到天界。能順利的走上這些路線是最幸福不過了。

有些靈魂連精靈界也進不去，不是變成地縛靈、浮遊靈作祟人間，就是從精靈界踏上往地獄的通路。

那麼，到底誰下這種審判呢？關於這一點，我將在下一章敍述。

第二章　何謂惡有惡報？

何謂死後的審判？

日本平安期的一本書「往生要集」，對日本人的死後觀有深遠的影響。據該書的記載，人在死後的第七天（頭七）將受不動明王審判；第十四天受釋迦審判；第二十一天受文殊菩薩審判；第二十八天受普賢菩薩審判；第三十五天受閻羅王審判；第四十二天受彌勒菩薩審判；第四十九天將受藥師如來審判。第四十九天的審判決定來生的世界，也就是必須通過地獄道、餓鬼道、畜生道、修羅道、人道、以及天道中的任何一道門。

「埃及的死亡之書」說，審判將在「奧西利斯的法廷」舉行。死者的靈魂變成精靈，由引導靈帶到靈界的「奧西利斯法廷」。在法廷上，死者接受種種盤問。

「你曾經盜取別人的東西嗎？」

「你愛隣人嗎？」

「你崇敬神明嗎？」

然後獻出心臟，放在天秤上面。如果心臟的重量不超過羽毛的話，手下就會告訴奧西利斯說：「他的靈魂足可當他的證人，從天秤的衡量，得知他的爲人很正派，不曾犯下任何罪行。」

報告之後，死者被宣佈爲高潔之靈。倘若是惡貫滿盈的心臟，則打入凶靈之國（地獄）。

「西藏的死者之書」則敍述：「善」與「邪惡」的精神會來判斷生前的行爲。判定的方法是：看孽鏡台映出的生前種種，善行堆積白石，惡行堆積黑石。所有的石頭堆完以後，就指示死者之靈該走之路。總共有六條路，即天界、阿修羅界、人界、畜生界、餓鬼界、以及地獄界。

恐怖的雲層銀幕

大科學家，也是「我所見過的靈界」的作者，史威丁堡却說：「不管是善靈或惡靈，並不是根據他們在人世的所作所爲決定他們應該走的路，而是善靈憧憬着善靈所居住的靈界，而惡靈則念念不忘同類所居住的地獄界」。

站在佛教的立場來看，「善因善果」、「惡因惡果」的因果報應，以及「自業自得」的思想，都暗示着人在世的行爲，決定他死後到什麼世界去。

由這一點看來，我認爲沒有主宰判決的「審判者」。佛教教導信徒「自戒」，由此可以說，審判官（閻羅王）就在我們自己的心裏。只要能夠坦誠的面對自己在人世所造的「業」，就能很自然的決定往靈界的去路。

憑什麼來洞悉自己的性格以及所造的「業」呢？那不是抽象的，而是精靈界的雲層銀幕。

在精靈界，前輩靈爲你引導並義務服務。你有生以來一直到精靈界爲止的所作所爲，甚至你心中所想的事都映在雲層裏。當場別的死者之靈也會同時望着走馬燈似的銀幕。

前輩靈只把你畢生的經歷全部映出來，他們不作批評，始終不吐露半個字。

第二章　何謂惡有惡報？

你的一生毫不保留的揭發出來

「不說謊」、「不竊盜」、「不淫樂」、「不殺生」、「不喝酒」，以佛教的五戒來說，能夠完全遵守，終生不犯的人，是不存在的。我敢斷然的說，根本就不可能有。

每一個人都有難以言喩的煩惱，及不可對外人道的秘密。不久以前，一位婦人悄悄的對我說：「我有一個秘密不能告訴丈夫，那就是我的孩子並非丈夫的親生子，而是其他的男子……但是我的丈夫一直相信孩子是他的骨肉。我在死後能隱瞞這個秘密嗎？如果可能的話，我想永久保持這個秘密」。

這種私人的秘密在雲層銀幕上是隱藏不住的。這個巨大的雲層銀幕，最公正不過了。它不管對方是何等人物，總是毫不保留的把他畢生的所作所爲映出來。

例如：暗戀朋友的情人、兄弟之妻、姊妹之夫、偷食禁果、暗渡陳倉、亂倫等等，雲層銀幕都會清晰的映出來，周圍的靈都能一目瞭然。

我說過「雲層銀幕不會遺漏最小的細節」，不單是背叛同伴、造謠生事等罪行，就是亂倫、近親相姦等醜聞，也會一絲不漏的「抖出來」，實在叫人膽寒。

雲層銀幕接二連三地映出的生前種種，把一個人的性格毫不留情的浮現出來。

如此一來，所有的惡行惡狀，將給前輩靈，以及周圍死者之靈極鮮明的印象。雖然沒有審判官，然而「你是屬於那一種人的評價」將在此完全公開。

靈界永恒的道德準繩

以人世來說，所謂的道德觀、價值判斷等，已經今非昔比，變化之巨叫人不敢想像。

第一，我在學生時代學習物理，所謂「物」的定義限於實存之「物」。到了今日，所謂「物」的定義，已經擴張到「不存在的東西」，以及「四次元的影子」。

既然是定義，應該不會在幾年內就改變，但在人世，却變得叫人無法想像。

男女之間的性關係，往昔是不能上口的，否則將招來鄙視的眼光。今日就算說得再露骨也沒有人見怪。甚至有什麼「愛人銀行」的怪現象出現。可是靈界可大不相同。那兒的標準是不變的。往昔靈界認爲邪惡之擧，今日的靈界絕對不可能認爲是善擧，永遠是一個標準，始終不變。

人世的「造業」，以及一個人的性格，在靈界會得到什麼評價呢？強盜、傷害、殺人等罪，都是邪惡的行爲。其實，潛在性的「殺人欲」，亦是同樣嚴重的邪惡行爲。

人世跟靈界截然不同的是：人世的意識是10％，潛意識90％；而靈界潛意識90％，全部上昇到意識上。換句話說，意識達到100％，因而立刻就能夠洞悉對方的內心。這種現象稱爲第八感。第八感在死後才會出現。生人有此能耐者只有法國往昔的預言家——拿斯多勅達姆。除此之外，只有所謂的千里眼、或預言家才擁有。

由於第八感的作用，能洞察他人的內心，對方是否眞的愛你？愛有多深？有如看玻璃杯裏的水一般，清清楚楚。

同樣的，到了那個世界以後，憎恨也無法遮掩。總之，在內心浮現的念頭都會顯現出來。

既遂未遂都是同罪

對特定人物的憎恨，與惡行同罪。內心一有了憎恨，無異直接害了那個人。靈界乃是思想的世界，心存憎恨，等於付之實行。就以人世來說，用憎恨殺害對方的例子相當多。根據實驗得知：使用意志力可殺人，也可以指導一個人。

尤其是集團滙聚的力量，惡念往往發出很大的威力。如今世界各國都傾全部之力在研究，這跟超能力武器不無關係。換句話說，與其使用槍械、藥物去暗算人或殺人，不如養成意志力，以集體之力執行。根據實驗得知：把意志集中於總統、首相等特定人物，詛咒他生命快速終結，結果這個受詛咒的人一定會倒霉。

如今美蘇兩大國秘密地研究超能力殺人能源，即是一例。

在人世，意識爲10%，潛意識爲90%，雖然相差如此之鉅，仍可以發揮意志力。況且在靈界意識達100%。這實在是叫人驚訝的一件事。

利用100%的意志力，若心中強烈地憎恨對方，就可以立即發揮効力。這就等於在靈界發出殺人光線一般，這麼做的人一定墮入地獄。墮入地獄的人，年復一年，互相的發射殺人電波，互相殘害，永無休止的鬪爭。反過來說，互相發射「愛」之念頭的人，天國必會出現在眼前。

換句話說「我恨不得把你宰掉」的憎恨感情，將變成相當強烈的「思想」致人於死地。

靈界的一切都是「思想」，因此，在人世時不管是眞的殺了人，或者在內心一直想殺某人，雖然並未付諸行動，始終只停留在「想」的階段，結果兩者是一樣的。

只要是殺人，不管旣遂，或者未遂，都是同罪。

戰爭殺人之罪

不過話又說回來，同樣是殺人，或者使人負了重傷，如果是戰爭的話，則另當別論。因爲這並非爲了一己的利益或本身的欲望而殺人、傷人，而是爲了保家衛國、保護親人兄弟，不得已而如此。所以同樣是殺人，卻跟搶刼財物謀害人命有天壤

第二章　何謂惡有惡報？

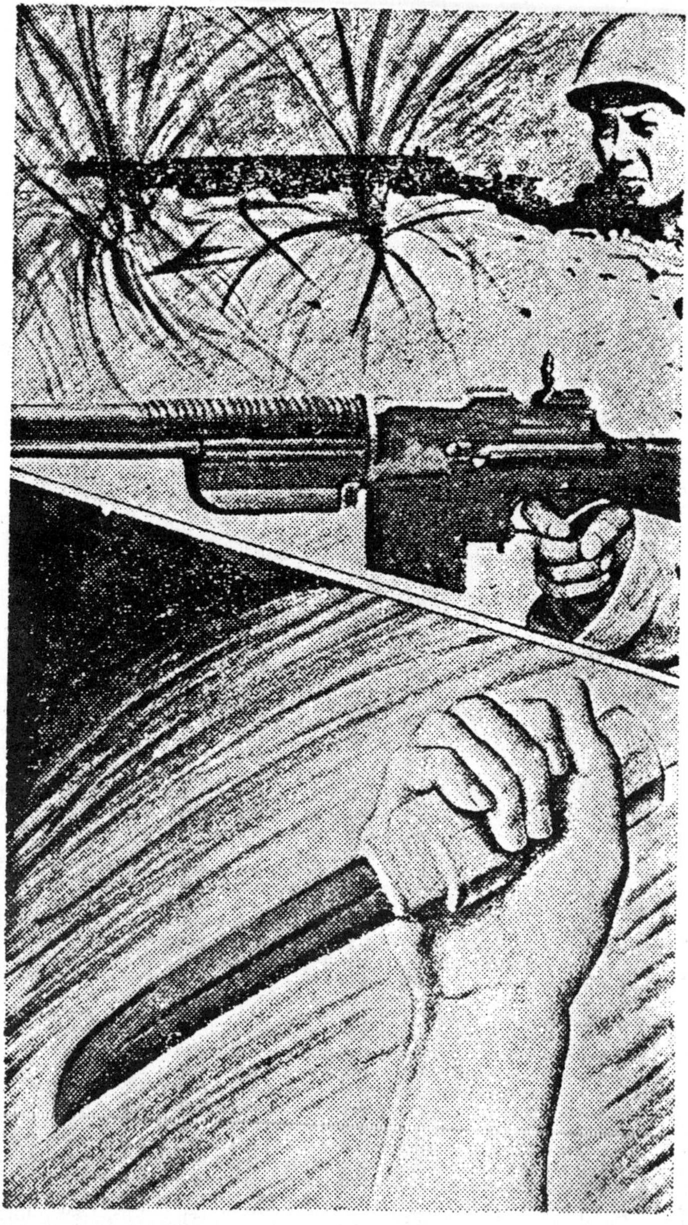

之別。

以前有一位老婦曾經憂心忡忡的問我說：「我丈夫在太平洋戰爭中死於塞班島。他跟衆多的美國兵交手，我相信他一定殺了很多敵人。既然他已經犯了五戒中的殺生罪，我想他是不能升往極樂了。如果我每天都爲他唸佛，他能夠獲救嗎？」

這雖同屬殺人行爲，可是評價完全不同。殺人本來就是殘忍的行爲，例如：在戰爭時期奉長官之命殺死俘虜，而你又盲從，並不求情，你將跟下令的長官同罪，死後到了靈界，一定受到報應。

如果長官下令殺俘虜，你爲俘虜說情：「爲什麼要殺已經投降的俘虜呢？難道不能就此罷手？」倘若長官不准，你在萬不得已之下殺了他們，到了另外一個世界以後，你殺人的罪行將大爲減輕，比盲從殺人罪輕。

殺人也因動機而罪有不同。

當你接到射殺俘虜的命令時，如果心裏想着「我極不願意如此做，可是違背上司的命令有罪……」百般無奈的執行，就不會變成惡因。

如果對這種殘忍的行爲，不但不產生憐憫之心，甚至幸災樂禍，必然變成惡因，到頭來非受報應不可。

關於罪行，我還得補充一點。例如：有一個人替你身亡。因爲你在某一方面的過失，因你而死。換句話說，他的「死」係出於你的過失，那就如同你直接殺人。殺生害命這一件事，到了靈界必成重罪，當然也必須償還。因爲你竟敢中斷神所賜予的壽命，當然必須重罰，有時甚至進入萬劫不復之地。

此外有些人本身雖然不曾犯罪，卻爲別人頂罪，爲別人揹起黑鍋。仔細看看周圍吧！一定有不少人替上司的「不是」負起責任。所謂罪行的評價，到了那一個世界會倒轉過來。

這種罪行端看上司的立場，有時會全盤改變。例如：由於部長、課長、或者頂頭上司的詐欺，盜領公款，而由你揹黑鍋的話，你將跟上司同罪，因爲那是一種極大而叫人不齒的惡行。

假如上司做的事情無愧於天地，却因此獲罪，你也得負責的話，這並不能視爲罪行，反而是靈界讚揚的一件事。可見，靈界的倫理嚴正，遠非人世所能比擬。

强姦者的下場如何？

在所有的罪行中，最使女性屈辱者莫過於強暴。女人會憎恨那個人一輩子。如果這種人在這個世界逍遙，不受任何制裁，實在很難叫被害者嚥下這口氣。

我以前耳聞的例子，可說是最令人同情的了。一個少女在就讀高中時被數名無聊男子，強行挾持到一棟空屋裏輪暴。該少女因羞恥心作祟，一直提不起勇氣報警，只好深藏在內心。

她有一個姊姊，已經到了論婚嫁的年齡。其中有一名男子時常到她家來探望她姊姊，看了他的面孔，少女驚訝萬分。

原來他正是輪暴她的男子之一。想不到恬不知恥的他，知道少女不曾把秘密告訴別人，便得寸進尺的對她說：「如果妳不想我把這件事傳揚出去，就乖乖聽我擺佈吧！」於是又肆無忌憚的汚辱了她。

肆無忌憚的強暴女性的男子，儘管在人世沒受到報應，似乎天地也拿他沒辦法

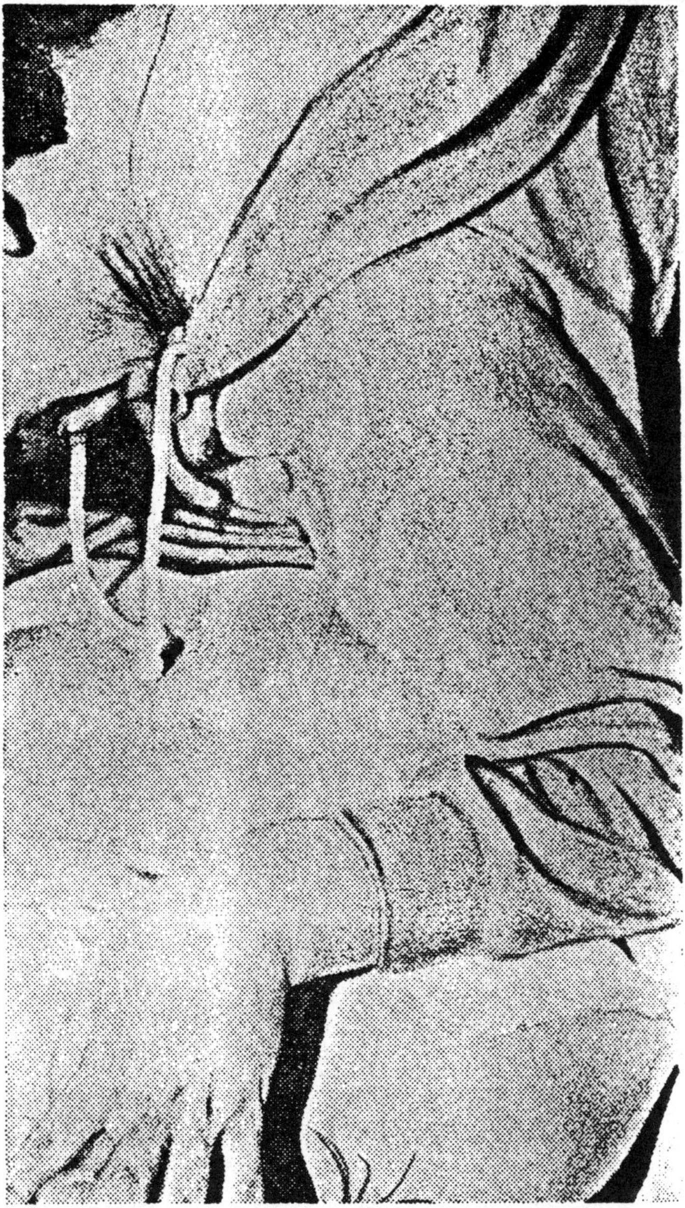

，但是身亡到靈界以後，就逃不了報應。強暴女性，一定會受到嚴厲的懲罰，而且目的是爲了逞獸欲，那就更不能原諒了。

但是眞正的從內心愛着女方而忍不住強暴她，其結果又不一樣了。眞心愛對方，想把對方佔爲己有，在自然的欲望下，產生肌膚之親。與其說強姦，不如說是「無意識的行爲」比較恰當。

眞正迷戀某人，打從心坎裏愛慕她，就算是以掠奪的方式表示他的愛，仍然有寬恕的餘地。

如果碰到這種場合，能夠忍受對方的誘惑，克制自己的私欲，一旦到了那個世界就能受到很高的評價。倘若有一個男人，在情慾的衝動下「強暴」了一個女性，以後雖然在對方同意下發生了性關係，可是，先前的那一次「強姦」，仍然會留下汚點。就算以後跟自己強姦過的女性結成夫妻，「強姦」這一件事，仍然會降低他的品格，被視爲靈格很低的靈魂。

與其騙人不如被騙

爲了在這個競爭激烈的社會求生存，有種種不同的價值標準。很多人都異口同聲的說「與其被騙，不如先騙人」。爲了在弱肉強食的社會求生存，有不少人認爲這種邪惡是理所當然的。

「與其被騙，不如先騙人」抱著這種主張的人，幾乎都是一些對靈界一無所知的人。說的更明白一點，只有認爲死後什麼都了結的人，才會有這種處世態度。

那些爲了錢財而殺人的凶手、綁架幼童勒索金錢的盜匪，以及犧牲性命跳入水中或大火中救人的，如果有「死後的結局都相同」的想法，那就大錯特錯了。

抱著「與其被騙，不如先騙人」這種處世態度的人，乃是標準的邪惡者，也是典型的下地獄者。其實，應該把它倒過來才對，那就是「與其騙人，不如被騙」。正直的人在人世往往是吃虧的，因爲他們時常受騙。可是我們在人世的時間很短暫，相較之下靈界堪稱我們永久的安身處，「與其騙人，不如被騙」，可幫你獲得所謂善靈的資格。

只要我們環顧四周就不難發現，自己並不想危害別人，但是時常受別人迫害，以致常常吃虧上當。

例如：正直不阿的人，一旦相信自己的行爲沒有錯，就會一輩子貫徹下去。第二次大戰後經濟蕭條時，有一位仁兄堅持不吃來路不明的食物，貫徹他的正義，只吃配給的糧食糊口，以致營養失調而死。雖然有人譏笑他是天字第一號大傻瓜，但是到了靈界以後，一定能夠獲得極高的評價。

本來這個人世就是我們進修之地，如果在人世堅守着「絕對不能如此做」，而受到迫害的話，將來到了另外一個世界一定能夠獲得讚賞。

有被迫害的理由而受到迫害，情形就不同了，例如：因爲性情頑固、自私自利、爲了自己的利益不管他人死活、思想太偏激，以致受人攻擊或迫害，那是咎由自取，到了靈界以後，仍然受那種待遇，當然沒有什麼好處。

總之，受迫害的原因才是決定一切的關鍵，並非在人世受到迫害，到了靈界就能獲救。行爲正大光明、大公無私，自然能贏得讚賞，因爲善因善果，惡因惡果的法則一直存在於靈界。

能夠從情欲的泥沼脫身嗎？

前面已經敍述，一到了靈界以後，你在人世的一切行爲，甚至意志等，都會赫然的映在雲層的銀幕上，死者在人世所戴的假面具也被卸下，只得赤裸裸的呈現眞面目。

憑雲層的銀幕，就可以洞悉死者的欲望典型，以及其欲望的深淺，基於這種意義，只要看看欲望，就可以對一個人的一切瞭若指掌。

就算肉體死亡，人類的內心依然殘留着各種欲望。例如：金錢欲、物質欲、名譽欲、性欲、嫉妬等。這些欲望若太強烈，根本沒有進入靈界的資格，甚至構成墮入地獄的條件。

對人類而言，比物質欲更可怕的乃是性欲。如果內心把持不定，人的一生可能因它而毀掉。

學一個最現實的例子來說，目前有很多人發生婚姻以外的性關係。特別是近年來，由於各種刊物的煽動誘惑，這種風潮似乎見怪不怪了。任憑性衝動的「宰割」，生下了連自己也弄不清是誰的骨肉，這種例子已經不新鮮了。

有一個女性在學生時代結交了一個山盟海誓的情郎，而且也有過肌膚之親。畢業後到某一家公司就職之後，又跟課長發生了如火如荼的感情。於是她就脚踏兩條船，情郎與課長一把抓。

旋即她因身懷六甲，手忙脚亂的跟情郎結婚。可是她也弄不清楚生下來的孩子究竟是誰的骨肉？因爲她的血型是B；情郎是AB型；課長是B型，偏偏生下來的孩子也是B型，以致叫她感到頭痛萬分。

這種不守人倫的行爲還不算罪大惡極，但是人盡可夫的性格，到了靈界以後，卻是靈格評價的標準。

殘存性欲的危險性

以我們生活的人世來說，已婚女性跟身旁的男性接觸的機會很多，由於近水樓台的關係，很容易沈溺於危險的關係。

諸如：迷戀口若懸河、妙語如珠的職業補習班老師；不知不覺的愛上了孩子的家庭教師，以致發生了畸戀等等。類似的例子簡直不勝枚舉。

甚至還有跟送報紙的學生卿卿我我，頻頻出入於學生的住處，以致鬧得滿城風雨。凡是帶到另外一個世界的性欲，通常稱爲「殘存性欲」。其實性欲用「殘存」兩字很難以概括，因爲它會把人緊緊的纏繞不放。

在靈界入口的精靈界，關於性方面，簡直可用「夜夜春宵」來形容，頻度可達人世的幾百倍，甚至幾千倍。爲什麼會這樣呢？那是因爲觸覺敏銳好幾百倍，性感連帶也變得異常敏感的原故。況且，性的對象很容易得到。因此剛剛死亡不久後，性交簡直是泛濫得叫人不敢相信。

有如人世所謂的「深情難捨」一般，到了精靈界時，儘管你已經感到厭倦，但是對方却不放過你，以致只好敷衍下去。

換句話說，「性」乃是精靈界必須通過的一道關卡。

例如：在人世曾經跟五個女人發生性交，到了精靈界將猛漲到五十個女人，甚至成百的女人，你都得跟她們演出「襄王會神女」。是故，在人世時，性交的範圍越小，到了那個世界越容易從「性交地獄」脫身。

「我跟親生的父親發生了不可告人的事，將來到了靈界會受到懲罰嗎？」諸如此類的事，不可避免的，將在雲層的銀幕顯現出來，到時想掩蓋根本就辦不到。

關於這一件事，雖然不至於直接受到懲罰，但是勢將墮入同類的集團——人盡可夫（或可妻），毫無秩序的性欲集團裏。一旦陷了進去，想抽身就非常困難。

不管是親子或者兄弟姊妹，誰也救不了你。一旦被認定非墮入那種地獄不可時，就非得有相當的覺悟不可。

如果不掙脫這可怕的性欲陷阱，就無法到達靈界。像煙、酒等可以憑自己的意志戒掉，可是性方面却非常棘手，就算你下定決心再也不幹，可是對方却百般糾纏，叫你欲罷不能。

名譽欲將變成你的絆脚石

精靈界乃是要求「眞我」的世界。所謂「眞我」就像我在第一章敍述的，使一個人眞正的性格完全暴露出來。

假如我是人世的數學敎師的話，「三次方程式我實在沒有把握，如果是二次方程式的話……」等等，心裏會感覺到忐忑不安。倘若是醫生，很可能就惴惴不安的說「盲腸的手術或許我做得來，但是複雜一點的手術，我可能就無能爲力」。其實，這是很重要的。意思是說，對自己能力的評估要保守一點，因爲所謂的名譽欲，實在是害人不淺的一種惡劣的欲望。名譽欲很強烈的，也就是喜歡沽名釣譽的人，脫離精靈界的時間勢必要延長很多。

在那個世界裏，最好放下種種的欲望。

最先決的條件是：切斷所有的欲念，若不如此，你的身體將變得非常沈重，根本就渡不過三途之河。擁有相當地位的人，例如：市議員、縣議員、甚至首相等，這些一直緊緊抓住名譽的人，一旦肉身死亡之後，還抱著「給我們相等的待遇吧！」這將妨碍你恢復「眞我」。

大學也有所謂的名譽教授。眞正的教授可領到薪水，但是名譽教授連一毛錢的薪水也沒有。儘管如此，只要有「名譽」兩個字，教授們也就只好容納他們。

但是這種名譽到了那個世界，比一枚勳章還沒有用處。同時求名之心，對提高靈格是一種妨礙。

自己設下的懲罰世界

金錢欲最好早一點捨棄。有一些貪婪的人，因爲在人世擁有上億的財產，一直在痴痴的想，死後是否能夠把龐大的財產一併帶走？「眞是痴人說夢話」我很想用這一句話罵他們。

我想不透他們要用什麼方法把財產帶走？死後要拿走財產，那是百分之百辦不到的。

有錢的死者擔心自己留下的財產，別人是否以正當的方法繼承？兒子及媳婦是否浪費成癖？如果一心繫著這個問題到了靈界，勢必不利。

臨死前，最好不要再看重地位及名譽，如能把金錢欲、物欲都拋棄，那是最理想不過了。

性格、欲望都恢復眞我，毫無虛假，這是精靈界最大的目的，也可以說是冷靜的反省、檢討自己。

死者看了雲層上映出自己的德行，方才知道何謂眞我，並徐徐的恢復自己的眞面目。狡猾者更狡猾；膽小者更是見了風吹草動就怕；無知者變成愚痴；邪惡者更邪惡；正直者更正直，無不變成自己的「原形」。

這就是「眞我」，由此決定一個人在靈界的前途。

在人世時，人人幾乎都在「他罰主義」下過日子。但是到了那個世界之後，「他罰主義」不被承認，那是一個「自罰的世界」。

第三章　消「業」

爲什麼生在這個世界上？

談到靈界跟人世的關係時，你可能悟出一個大道理來。那就是：最好不要投生於這個人世，一個靈到人世投生好幾次，表示這個人有某些方面的業在牽引著他。當然也有例外者。那些投生到人世，負有領導人類的大使命者，另當別論。

那一些人很可能是釋迦、李老君、耶穌，在好幾千年裏他們才投生一、兩次。但是，幾乎所有的人都是爲了消彌自己的業才來投生的，絕對無法憑自己的意志要投生就投生。反過來說，到了你應該投生時，你根本就無法拒絕。

例如：A先生的肉身死亡以後，他將到精靈界脫胎換骨，變成了「眞我」以後才能夠進入靈界。

到了靈界以後，有時守護靈會下判斷說「依我看，你此時不宜待在靈界，最好到人世投胎一次，以消彌你的業障」。

由此不難判斷，人世是有點跟監獄一樣，任何靈魂都不喜歡到人世投胎，再度

做人。所有的靈魂都有永遠居住在靈界的願望，除非萬不得已，或者身不由己，沒有人願意到人世投胎，再度做人。

爲了修行起見，你的守護靈跟守護神商量之後決定的，你無法抵抗，只能乖乖的從命。

靈格越低越有機會投胎

在靈界的地位越低越常投胎。所謂在靈界的地位低，意味着靈的品格、質以及量都不足。人世乃是消「業」的修養場所，欲彌補靈的不足，人世是最理想的場所，靈格低的才會不斷的到人世投胎，重新做人。

換一個角度來看，所謂靈格低，正表示很接近墮入地獄的靈魂。所謂地獄，通常有一個特徵，那就是：很樂意接近人世，喜歡跟人世交雜、作祟，抱著幸災樂禍的心理，看到別人痛苦，就沾沾自喜。

惡靈是名符其實的邪惡之靈，他平生最快樂的事情是看別人受苦受折磨，所以，千方百計的想接近人世，看別人受苦而自得其樂。

位於靈界上面的天界，一向不喜與人世接觸，因此不管人世的人如何的呼籲，如何的利用意志力想溝通，都是徒然。至於地獄界的靈就完全不同，即使你不叫他，他也會自動的找上門來。所以，靈格比較低的，通常會時常出現在人世。

以此思想來看，到這個世界來投胎的我們，靈格可以說相當的低，就因為如此，才到人世投胎，接受種種的磨難。

靈格低而投胎，很可能導致兩種截然不同的後果。一種是喜愛邪惡的行為，以致更加深業障，一步一步的墮落；另外一種情形是，逐漸的消除自己的業障，變成無業障而一身輕，就不必到人世投胎了。

我要不嫌麻煩的再說一遍。所謂投胎到人世，乃是業障還沒有完全消除，必須再到人世走一趟。

「近似死」的體驗及消除業障

在討論業障是否消除之際，還有一個「近似死」的問題值得探討。你曾經聽過「近似死」這個名詞嗎？所謂「近似死」指死而復生的現象。

一九七七年四月二十日的紐約時報報導着：「死後復生者的證言」，並刊出了如下的一篇文章。

到底有沒有「死後之生」呢？——關於這個問題到目前爲止，仍然是神學者及心靈術師等研究的特殊課題。但是到了最近，科學家也針對這個課題展開研究。關於「死後之生」的會議及論文等，最近有很明顯的增加，尤其以克普勒羅斯博士的研究最引人注目。

去年夏季於阿爾哈姆大學所舉行的演講裏，羅斯博士說道：「我曾經跟『死而復生』的數百個人面談過，由這種體驗，我完全的相信確實有『死後之生』」。

據羅斯博士說，一度體驗過死亡的人都有共通的經驗，那就是感到靈魂離開肉體浮遊，而且內心充滿了和平安祥的感覺。同時，又會見了以前亡故的人。死而復生的人，再也不對死亡抱着恐懼的心理。

那些埋首於探討「死後世界」的研究者都如此下結論：「雖然我們還不敢說羅

斯博士的研究，業已證明『死後之生』——可是至少有其可能性」。

話雖如此，關於「死」還涉及醫學的定義，同時也留下了問題，諸如：「死後的體驗」到底是來生，或者是現世，令人無法明斷——等等一連串的問題。

「死後之生」去年出版以後，即屢次再版，作者姆帝博士，分析了死而復生的五十個人之後，發現了跟羅斯博士同樣的特徵。據姆帝博士說：「死亡的體驗者幾乎都凝視着自己肉體回生的過程」。

總而言之，關於這方面的研究，今後會越來越興盛。

紐約時報所介紹的這一項研究，已經由川口正吉譯成日文，分別以「死亡的瞬間」、「死亡瞬間的對談」、以及「續・死亡的瞬間」等，前後由新聞社出版。

「近似死」談了些什麼？

關於「近似死」的體驗，姆帝博士以種種體驗事例展開研究，其事例可分成三類。

①主治醫生臨床判斷「死亡」，宣告後復生者的體驗。

②因事故或疾病，肉體瀕臨死亡的人之體驗。

③復生者把本身的體驗對當場的人說，再向博士報告者。

姆帝博士分析這些例子，再探討「近似死」的共同點，把過程細分之後再思考，結果歸納成以下的十項。

(1) 聽到了死亡的宣告。

(2) 體會到內心的安祥與滿足。

(3) 靈魂脫離肉體。

(4) 進入黑暗的隧道。

(5) 看到了光線。

(6) 進入光的世界。

(7) 看見了已故的親人。

(8) 跟光的天使碰面。

(9) 回顧自己的一生。

(10) 碰到生與死的界線。

讀到這裏，讀者或許感覺到姆帝博士所分「近似死」的過程，跟第一章我所敍述的「從死亡到靈界」有頗多相似之處。

我要舉出因車禍而被送到醫院急救，由此體驗到「近似死」的男士爲例，因爲把它當成「近似死」的過程實在很有趣。

這位男士騎機車發生車禍的瞬間，看到防護柵有如慢動作的畫像似的，緩慢的靠近他。那時他認爲自己死定了，同時也失去了意識。

當他恢復知覺時已經躺在醫院裏面，而且聽到周圍的人在說「瞳孔已經開了，沒希望了……」，他拚命的叫「我還活着呢！」然而周圍的人好像完全沒聽見。

這個例子，就是本人在「近似死」的世界，「聽到死亡宣告」最好的證明。

英國空軍醫務官的體驗

幽體（靈魂）脫離肉體的體驗，最著名者當推英國空軍的顧問醫生，後來成爲大英帝國貴族（勳爵士）的醫務官。

一九一六年四月（第一次世界大戰中）他被分發到皇家航空隊第二旅團當一名醫務官，駐屯於法國的克雷魯馬雷。那時，他只不過是一名年輕的醫學院學生，可是戰爭却剝奪了他當學生的權利。

有一天，他收到了別的飛行基地發出的緊急通報，於是三步併兩步跟駕駛員跳進一架飛機，但是由於駕駛員的操作錯誤，很快的失速並開始墜落。或許是驚恐過度吧？這位年輕的醫務官昏倒了，以致連飛機撞到地面的瞬間也渾然不知。

在他清醒時，發現自己以幽體之姿，從六十公尺高的天空看到躺在地面上的肉體，及飛機的殘骸。他甚至看到沒有受傷的駕駛員，以及兩名軍官奔到他的身旁。一部救護車開來了，看護兵從飛行基地的兵營奔出來，跳到救護車上面，中途車子突然停下來，看護兵又奔回去帶一些東西……這一切他都看得非常清楚。就在此時，他感到自己以猛快的速度離開飛行基地。他好似飛越了附近的市鎮，又朝向海的方向飛行。

當他突然感到「抽筋」時，仍是茫茫然，不知自己身處何地？不過，當看護兵把某種東西灌進他的喉嚨時，他突然發覺自己又回到了這個熟悉的世界。

兩名軍官聽了年輕醫務官的報告之後，詳細的調查飛機撞地時發生的種種事情，證明了每一件事確實都跟醫務官所說的一樣。

看到了「死去的自己」

一九八三年三月，當富士電視在播放特別節目時，我正好有空，於是也坐下來慢慢的觀賞。這一個號稱「怪奇恐怖」的節目剛開始，就由體驗過「近似死」的青島輝和先生登場，談他本身的體驗。

大致的內容是這樣的——青島輝和開車時，連人帶車撞上了防護柵，經路人發現後，七手八脚的把他送到醫院。儘管處於神智不清的狀態，他却很清楚的看到自己接受醫療的經過，以及凝視着他老淚縱橫的母親。彷彿身在天花板似的，高高的俯視一切。

後來他突然掉進黑漆漆的洞穴裏，在慌張的掙扎後，才清醒過來。諸如這一類的體驗，姆帝博士的研究裏出現很多。現在，我要提出其中一位女士的例子：

大約一年前，我感到心臟有些不對勁而住院。翌日早晨，我躺在醫院病床上，又覺得胸部疼痛異常，按了病床旁的鈴，護士很快就來了，我覺得仰臥很不舒服，就在改爲俯臥的當兒，突然不能呼吸以致心臟停止跳動。

就在這一瞬間，我聽到護士叫着「趕快叫醫生！」接着我離開了自己的肉體，從床上墊子與把手的縫隙溜下了床。然後如雲朵一般緩緩的上升。我一面往上升，一面看着醫生及護士奔進病房——我估計護士一共有十二位。升到天花板的高度時，我一直朝下看着病房的情形。那時，我感覺自己好像是一片被風吹到天花板的紙片似的。

醫生們忙成一團，一心一意要救醒我，我的肉體躺在病床上手脚伸直，床邊站滿了人。有一位護士焦急的說：「她死了，她已經死了！」。不久之後，爲了使我蘇醒起見，有一位護士對我實行口對口的人工呼吸。

由上述的兩個實例，我們就不難明白，那些體驗過「近似死」的人，都是從上面看着自己死亡的肉體。

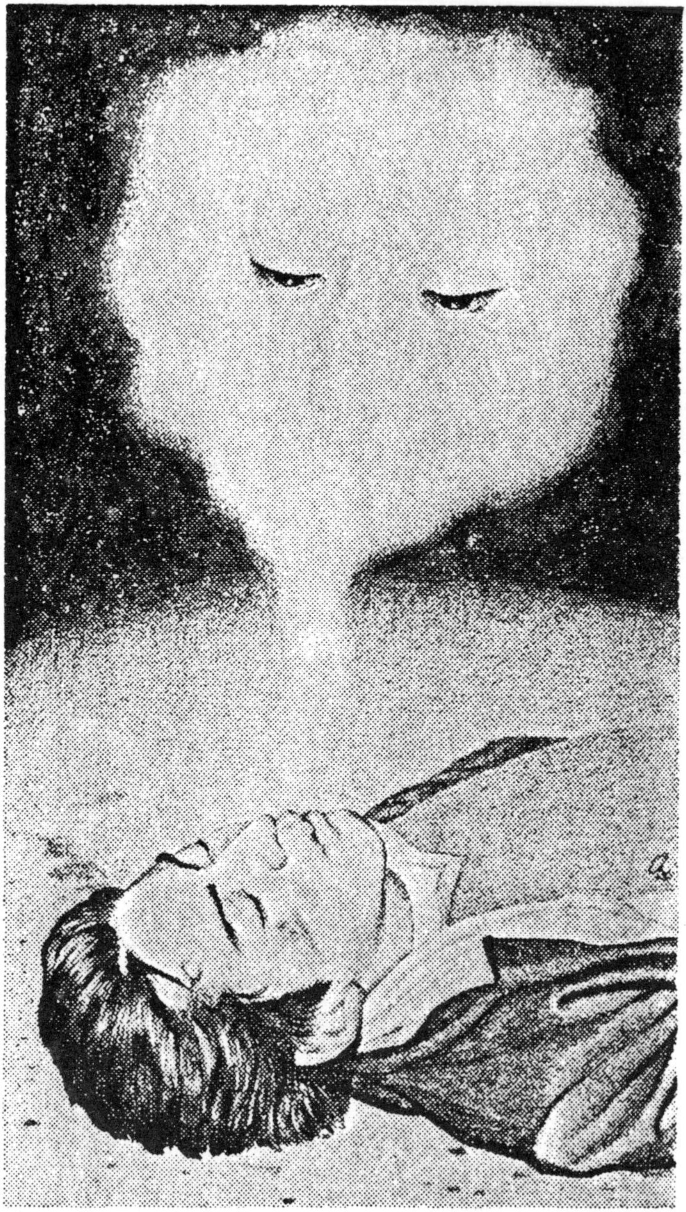

有一個「近似死」體驗者甚至看到家族離開病房之後，一名護士悄悄拿走了床邊的一包糖果。一個少年看到伏在他身上哭的奶奶頭上有錢幣大小的禿塊，在這以前始終沒有注意到這個禿塊，復活以後提起這件事，他們果然從祖母的頭上發現了那片禿塊。

在西藏體驗過密教修行的中澤新一氏說道：「我察覺到自己有奇妙的體驗，覺得自己就在身體外面，從上面看着自己的身體，那實在是很奇妙的感覺。從上面看下來的身體，無論是頭髮的顏色，衣服的褶痕都看得很清楚，但是隨後周圍的空間離身體漸遠，好似一層一層的溶入黑暗似的。叫我感到納悶的是：坐在我後面臥榻上，憂心忡忡看着我的一個年輕僧人，我却能夠瞧得清清楚楚。」

這就是意識離開身體，從上面往下看自己身體的經驗。由此看來，「近似死者」的意識會離開身體的說法，一定是很正確的。

「近似死」的意義

我們不妨靜下心來想想，所謂的「近似死」究竟是什麼意思呢？一言以蔽之，「近似死」體驗者是因爲在人世的任務還未達成，所以又被送回來。

死而復生意味此人在人世的「業」還未消盡。換句話說，他在人世的義務還未盡完，以致被「遣送」回來。「近似死」並非意味着「從靈界歸來」。

因他在人世還未做完的工作非常多，在沒有完全辦好前，絕對不許回到靈界。很多人說，家人意志力很強時，有時可以把死者從鬼門關（靈界）拉回來。例如用力的大叫「你回來吧！」如此一喊，死者回魂的例子屢見不鮮。

事實上，並不是家族大聲喊叫的結果，把死者再度拉回這個世界。而是他命不該絕，壽數未完。

家族喊叫死者回來的強大意志力，有時眞能使死者死而復生，「近似死」體驗者就有這種證言。從形式上看來，彷彿是家族喊死者回來，事實上是死者的壽數未到，所以魂魄再度投體。

「業」還未消盡

所謂「人世的任務還未完」，意味着「業」還未消盡。

哈拉爾多遜博士著作的「人類死亡時」就再三的提到，很多死而復生的病人證明了這一件事。

多數死而復生的人都說，靈界調查了他們過去的所作所爲，找出了錯誤的地方，於是叫他們再度回到人世，好好的彌補錯誤。

以下我就要舉出兩個例子。

第一個例子的主角是一名印度敎徒。這個少女一度被宣告死亡，但是隔了不久又復活過來。這件事有一名醫生親眼目睹。

兩名使者把病人牢牢的綁在擔架上面，把她帶到神的面前。這個女病人在那兒看到了一群美貌的女人，她們正在準備飯食。女病人看了香氣四溢的食物，猛嚥口水，很想嚐一嚐。在高處，裝飾得美侖美奐的椅子上坐滿了有權勢的人。這些人問

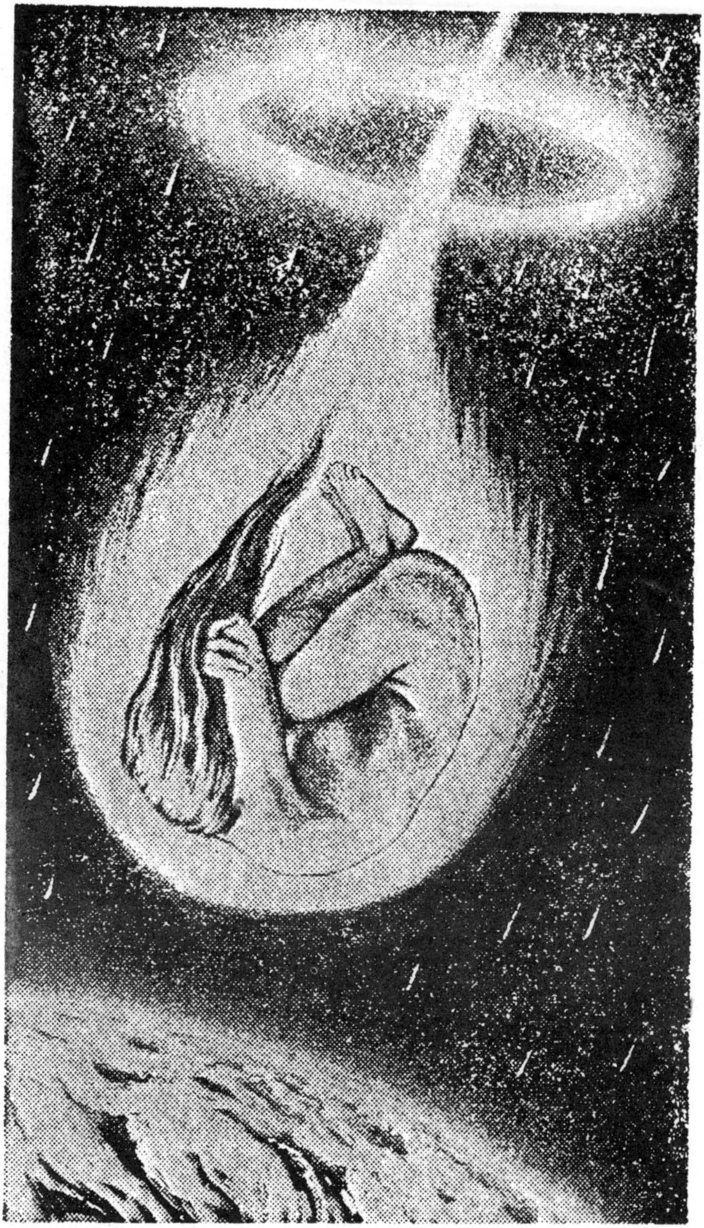

使者：「你們爲什麼帶她來？」並且說出應該帶來的人物姓名。如此一來，使者就把女病人送回來了。

女病人並不想回到人世——因爲那個世界太美太吸引人了。事後經過嚴密的調查，果然看到她的兩足有被繩子綁過的痕跡。何以兩足留下繩子綁過的痕跡？因爲在印度，凡是被送往水葬場的屍體，都習慣綁在擔架上面。

另外一個例子，乃是在子宮手術後進入危險狀況的主婦。

「我碰到了四個黑衣人，他們硬叫我跟着走。我很害怕，一點也不敢違命。他們帶着我升空，半空中有一個綠色的空間，神就坐在那兒。他問了我的名字，然後苦笑着說：『你不是應該到此地來的人』，於是，我又被送了回來」。

上述的兩個例子，都是「你並非應該來的人」而被遣回人世。

「近似死」體驗者的死後

「近似死」的體驗者，在眞正壽終正寢以後，是否會受到特別的待遇呢？

因為世人不了解「死」，所以感到害怕。但是「近似死」的體驗者雖然很短暫，畢竟是體驗過了靈界，所以他們好似從頭到脚受到強光貫穿一般，感覺到人世及靈界，乃是由巨大無比的神力所形成，同時也受到神的統治及操縱。

到了這地步，再也不敢存有「只要自己好，管他人喜歡不喜歡」的自私念頭。同時也會驅策自己在人世生活的那一段時間裏，盡量的慈悲濟世，圓滿的完成自己的使命。

他們跟不曾體驗「近似死」的人，最大的差別就在這裏。體驗過很難得的「近似死」，而再度回到人世的人，能夠在「我一點也不害怕死亡」之下，抱着強烈的信念，很有意義的生活下去。

同時，體驗過「近似死」的人，很可能也碰到發光體，被發光體所包圍，直覺的認為「這就是愛」、「這就是神」。所以重還人世以後，就把感受到的愛分享別人，使別人也快樂，如此累積了善行之後，他的「業」自然就消除了。

所以，在人世的貢獻便如積沙成山一般，再度回到另外一個世界後，一定能夠受到禮遇。

當然啦，一個人的「業」是否消除，當我們還活在這個世界時是無法知道的。

俗語說：「行善有如春日草，日日有所長」，我們凡眼看不見的繩子在操縱着它，並且不管善與惡都逐條的被記下來，到了靈界，就可以一目瞭然了。

第四章　臨終與靈界

有人死時滿足而安祥，有人却心有牽掛。這兩種人，都會把他們的心境告知他的家族。

也許有人會說：「不可能有那種事。」但是我認爲本書百分之九十的讀者會贊成的說：「很可能有這種事」。

具體的事實是什麼呢？安祥而滿足地死亡的人，死後不久，總希望能夠發出風鈴一般的悅耳聲音。反過來說，不滿而死亡的人，死後不久，會破壞東西。

我何以能夠斬釘截鐵的這樣說呢？那是因爲曾經一度死亡，也就是「近似死」體驗者告訴我的。

通常「近似死」體驗者被白光體包圍，迎接者出現，一旦發現錯誤，就送回人世。在這種情形，安祥滿足而死的人，都會異口同聲的說「眞想搖動風鈴……」。

我的母親亡故時，我整夜守靈，睡在她老人家身旁，那時母親就搖動了風鈴。

臨終左右了死後

剛開始時，我以為是茶壺的水冒蒸氣而出聲，仔細的環顧四周，根本找不到聲音的來源。況且附近並沒有能發出鈴聲的東西。

所謂的「眞想破壞東西」，也是我從「近似死」體驗者的口中聽來的。凡是內心有牽掛而死的人，到了那個世界以後，和安祥死亡者完全不同。換言之，他們都很不安。

就因為想消除不安，才有破壞的衝動。

目擊靈魂

這是以前我在某電視主持「話靈界」的節目時，一位觀衆寄給我的一封信。內容談及人類的魂魄離開肉體而他去的經過。現在，我就把這封信一字不漏的刊登出來。

「我的哥哥因白血病而住進了大學醫院，情況相當危急，主治醫生說『頂多只能活到今晚，或者明早』，所以家人都圍在他的病床旁邊。

到了黃昏六點鐘左右，當我透過玻璃看夜空時，魂火從窗下鑽到外面，緩慢的朝着醫院的正門移動。我感到納悶，一直盯牢它，直到消失爲止。那時，我突然有一陣不祥的預感。

很小的時候，我就聽人家說，魂火紅若火團一般，而且還拖着一條尾巴。我目睹的魂火正是這樣。

九點剛過，我的哥哥就嚥下最後一口氣。魂火在他死亡的三小時前出現，這是我破天荒第一次看到魂火，使我驚恐萬分」。

魂火靜悄悄的從病房出去，表示死者有相當的覺悟，安祥而滿足的到了那一個世界，並沒有感到痛苦。

到靈界的執照

若家人思念很深的話，死者的靈魂會受什麼影響呢？不時思念死者而悲傷，對死者前往靈界，將非常不利。

對家人來說，至少在一個星期內，由於太悲慟，因而視而不見，食不知味，只想着去世的親人，不斷的流淚。悲悼親人之死乃是天經地義的事，可是最好盡量節哀，不妨多想一些死者在世時的快樂，藉此沖淡悲傷的氣氛，使自己過得愉快些。對過世的親人痛哭在所難免，可是不宜長久的痛哭，而損害自己的健康，已故的親人也揹了重擔，捨不得你，遲遲不能抵達精靈界。

爲了對死與生雙方都有好處，不妨多想死者生前的趣事、交談等等。我這麼說，並非叫大家對「死」表示喜悅，而是叫死者無牽無掛，能夠放下心，毅然的前往精靈界。

對於死者的靈魂來說，「西藏的死者之書」所記載的內容很重要。這本書寫着：最好清晰的對死者之靈唸出下面的文句：

「噢！高貴的先生，所謂的死終於到來了，您就要離開這個世界。其實並不只有你一個人會離開這個世界。死是會降臨到每一個人的身上，請不要執着於這個世界的人生。你就是迷戀這個世界，也沒有永久留在此地的力量。徬徨於這個婆娑的世界並沒有什麼好處，勿被這個世界所羈絆，更不能懦弱。」

「勿被這個世界羈絆」，也就是鼓勵死者毅然的從人世移到靈界，同時，這也是使死者無牽無掛、安祥到靈界去的一張執照。

臨終的自覺與支援

當一個人長久纏綿於病榻，健康情形很差時，對於那些平時認爲微不足道的事，往往也變得很敏感，以致胡思亂想。就算不是這樣，一旦對自己的健康失去自信，還是會杞人憂天的想着「我會不會因爲身體有些不對勁就死了呢？」而且又不放心妻兒，如此多慮的人，一旦眞的死了，往往捨不得離開人世，也就難以超生。

說實在的，人是有感情的動物，一旦要離開人世，難免對親人產生依依不捨之情。可是這種想法如果太強烈，將很難進入精靈界。

死者對身後的妻兒依依不捨、或者放心不下時，縱然知道自己的肉體已經死亡，但由於心有所念，就彷彿身上綁了一塊巨石似的，很難上升到另外一個世界。

一旦肉體死亡，最好心存這種念頭「我要先到那個世界（精靈界）去增廣見聞，以便教導後來的靈魂……」然後，心無旁貸的升入精靈界。

不管一個死者如何的思念、或者放心不下家人，在剛死後不久，絕對不可能在暗中幫助他們。

大體說來，成了第三代或第四代的祖先以後，才能夠作子孫的守護靈。死後不久的人，他的靈魂不可能從靈界對人世發生影響力。所以死者雖然心中惦念着人世的親人，但是無可奈何之下，只好收斂一下感情，一路往精靈界走去。

最重要的一件事就是：把視線投向廣大無際的精靈界及靈界，因爲那兒才是你永遠生活的地方。

死者固然惦念身後的家人，在人世的家人也是淚漣漣，一想到死者就熱淚盈眶。因爲死者生前是很慈祥的人，處處爲家人設想。如果死者是他們所憎恨的壞蛋，那就不會有人爲他流淚痛哭了。

逢七七四十九日、週年忌等時節，家人就集結在一塊，心中悽然的想着「爸爸現在不知怎樣了……」「媽媽不知道好不好……」說着又悲切的飲泣。思親之情本是人之常情，可是切勿因此戕害自己的健康，以免過世的父母不能安心。

據說精靈界在地球上約四百公里的高空，死者既然得上升這麼長的一段距離，最好使他了無牽掛，順利的上升。如果他心有所繫，那就等於給了他一個包袱。是故，留在人世的親人，不妨稍爲節哀，盡量的回想死者幸福的一面，以及他感到快樂的一面，以沖淡悲痛。

死者接受了親人的支援，即能灑脫的，了無牽掛的升入精靈界或靈界。

正確的供養

死者一旦歸天，供養也是一件很重要的事，切不可以「迷信」視之。有一位女士就不懈怠地供養死者，後來因而得到美滿之歸宿。

「母親與我相依爲命過了很長的一段日子，未料於一九八一年心臟病發作，匆匆的結束了八十二年的生涯。在她過世的一年前，母親就不能外出了，有時連本身的事也無法料理，她老人家與我都認爲『以後只能躺在床上了』。想不到母親却躲過了這種折磨，關於這一點，我也爲她感到慶幸。母親過世以後，我一時感到茫然不知所措，如今面對着神案上的母親靈牌，我都會像生前那樣的向她問安說『母親妳好嗎？幸虧妳沒有受到磨難』。我於每日早晚都上香，供花果，供飯食。逢到忌日就誦經，以祈母親的冥福。

有時候，我也會跟一般人一樣，懷疑如此做，母親是否能領受到這些功德？雖然我半信半疑。可是始終沒有中斷對母親的供養，並且對着靈牌跟她說話」。

有一些唯物論者喜歡說「就算你給死者供花果，供飯食，早晚燒香、誦經，死者仍然收不到任何利益」。

其實，誦經、上香、供花果、飯食等，對死者有很大的益處，如果做得到最好能繼續地做下去。

上述的誦經、供養，除了能把功德迴向給死者，增添他的冥福以外，還能提醒死者「你已經不是這個世界的人了」使他早日的放下惦念之心。

供養還有另一層重要的意義。就是能夠提昇供養者的心境。所謂「人世」，從靈界看來，只不過是一個修心的場所，也就是道場罷了。在此地，我們要接受種種勞苦的折磨，同時不斷的修「業」。

而心愛的人離世能夠強忍悲哀，並早晚上香、供花果、誦經卷，這種宗教化的氣氛，能夠培養慈悲的胸懷，以及處處爲他人設想的處事態度。由此可見，這也是一種修業。

諸如此類，對人世的我們而言，能夠藉此提高品格。供花果能滌除塵慮，誦經能夠集中精神，上香也能夠幫助內心的鎭定。可說是很好的修業工作。

所以供養、誦經對死者固然有益，對生者也是一種修業功課。

被殺害者的靈魂將何去何從？

被人殺害，或生命突然中止，一時不知何去何從？絲毫沒有前往那個世界的心理準備，以致大惑不解。

一般人即使不知道有其他世界的存在，但是如果內心有較長時間的準備。「啊！這一次我死定了」躺在病床時就有所覺悟。在有所覺悟之下到那個世界，當然就不至於迷惑。

如果突遭殺害，驟然抵達那個世界，是在沒有任何心理準備下前去的。不管是有所覺悟，或驟然抵達却都以相同的時間，相同的過程到達。

突然遇害而死，到了那個世界時，將大惑不解的自言自語「這裏到底是什麼地方呀？」「是不是人世的另外一部分呢？」因爲他很難接納自己已經死亡的事實。

就因爲完全不知情，以致變成地縛靈，長久的徘徊於死亡之地，不然就變成浮遊靈（孤魂野鬼）到處遊蕩，或者作祟害人。突然遇害的人，時時會以幽靈（鬼魂）的姿態出現在人世。

對於這種死者，應該好好的供養他，並且重覆的告訴他「你已經死亡了，實在很可憐，請了無牽掛的到那個世界吧！」

就算是一般的死者，如果有「我不願死」的想法，將會痛苦掙扎地死亡，從脫離肉體，一直到另一個世界之間的種種過程，都會令他驚駭萬分，以致只能一味的退縮害怕，而無法正確的判斷自己的處境，會在現場慌亂成一堆，很難抵達精靈界。

有些死者生前一味否定靈界的存在，死亡的瞬間又心存「我不要死」的念頭，如此一來，不僅不能抵達精靈界，甚至連靈界的方向都一無所知。只好中途在死亡之地徘徊。

對於這種迷失的靈魂，最好明白的告訴他「你已經死了」。

胎兒的靈魂

每當我上電視或演講，只要涉及死後世界時，總會有人憂心忡忡的問我「因人工墮胎而死的胎兒會不會作祟？」

「凡是墮胎或流產的婦女，前世是否不喜歡孩子？或者欺負孩子？」，「墮胎而死的胎兒會不會作祟？」這種質問最多。

事實上，根本就沒有所謂胎兒作祟這回事。

靈界是很神奇的地方。有如沖雅也先生說過的「涅槃」，乃是一個人人嚮往的理想地，根本就沒有再到人世受苦的必要。那個世界才是我們眞正的家園。降生到人世，乃是受命消「業」罷了。

就因爲如此，「西藏的死亡之書」全書都在談論勿接近子宮的方法。

換句話說，它指出了不投生人世的種種方法。因爲到了那個世界，根本就不想到人世來投胎了。更簡單的說，只要肉體一死，就能夠離開人世，彷彿一個人脫離牢獄一般，自由自在的遨遊。實在沒有比這更快樂的事。

沒有所謂胎靈的作祟

人類到底如何到這個世界投胎呢？現在我就要說明這一點。

譬如我死亡時，守護靈就會爲我安排一切。只要他判斷「這個人最好再到人世投胎一次，對他本人及靈界都有好處」他即會跟守護神打商量。

一旦守護神贊成，我就會被帶到某一個地方，把表面意識全部變成潛在意識。這就好似在人世打強烈的痲醉針一般，使死者之靈在毫無意識的狀態下睡覺。這裏也可以說是投生到人世的驛站。

就在此地，死者的靈魂會遭遇到從人世昇起來的「氣」。所謂的「氣」，英國的心靈學會正在傾全力研究，至今還沒有獲得結論。我個人認爲所謂的「氣」，也就

是「念」。

在這個等待投生的驛站，男女交媾的情念之「氣」會昇上來。死者的波動跟男女任何一方情念波動脗合的話，也就是說，若死者之靈被其波動迷住，就會投胎爲那一對男女的孩子。

世間所慣說的那一句話：「誰叫你倆把我生下來」是不合情理的，應該改爲「誰叫你來投胎的」才合理。並非父母憑自己的喜好把你生下，而是你感到父母的「氣」很適合你，才高興的來投胎。

我時常對兒女不孝的父母說「如果孩子說不應該把他生下來，你就對他說——是你自己願意來投胎的！」

總而言之，在一對男女交媾時，死者之靈跟男女任何一方的情念波動脗合時，才會來投胎作他們的子女。所以在夫妻敦倫以前，應該虔誠的向神祈禱說「請賜給我倆良好的孩子」，如此生出好孩子的可能性就很高。雖然聽起來有一點「玄」，但這是事實。

由此看來，死者之靈魂來投胎的事，並非他自願的，而是無可奈何的投胎到人世來，實施人工墮胎叫他「回去」的話，他不可能有很大的怨氣。所以我個人認為胎靈不可能作祟的。

可是話又說回來了，對於實施墮胎的父母來說，內心免不了內疚，「好不容易他才投胎準備跟我倆結緣，却為了某種原因，使他白跑了這一趟。」內心多少有點悲傷、悽涼。由於內心有了創傷，浮遊靈就會趁機闖進去。這並非胎靈在作祟，而是浮遊靈趁着父母內心創傷時，開始在他倆的身體「興風作浪」，如此而已。

實際上，眞的有所謂胎靈作祟的現象，然而作祟者並非被墮胎的胎兒靈魂，而是跟它風馬牛不相干的惡靈附在父母的身上作祟，把人整得七葷八素，以此為樂。說起來也委實可恨。

通常一般人所謂的胎靈作祟，幾乎都是惡靈所作的事。那些邪惡的靈魂一年到頭想借機附在人身上，做些害人的勾當，而他們最喜歡趁虛而入。萬不得去做人工墮胎時，絕對不要萌生「好可憐」的念頭。

悲傷不宜太長

那些投胎到人世，很快或者年紀很輕就死去的孩子，據說在靈界是倍受照顧的，而且一向長得很好。他們有如天之驕子一般的被呵護着，什麼也沒有短缺。所以父母不要老想着孩子如果在世的話，今年應該是幾歲了，應該上小學等等……想着想着兩眼又模糊了。

「如果那孩子還在的話……」這種想法，實際上對死去的孩子沒有絲毫益處。或許有人會罵我鐵石心腸，我認為應該綻開笑臉說「如今，那孩子不知怎樣啦？」應該往好的方面想才對。

慟哭悲泣對死者並沒有什麼益處。但話又說回來了，不管是葬儀也好，守靈也好，絕對沒有人會高興的說：「他已經超生了」依情依理，沒有人忍心如此做。

那又該怎麼辦呢？我以為悲嘆流淚應該在短期間內結束。你認為一個星期就一個星期，到了頭七就頭七吧！過了這個時期就該擺脫悲哀的氣氛，重新打開心扉，盡量的不去想那些事。

我如此斗膽的發言，在道德方面可能有種種的弊害，甚至爲人所不齒，但是，我說出的是百分之百的事實。

自殺者的靈魂

自殺的例子又如何呢？所謂自殺也者，就是自己結束自己的生命。這麼做的人，當然是有相當覺悟的。可是話又說回來了，因爲這個人世太多不如意，使你覺得到處碰壁，你就想「抄近路提早擺脫目前所受的痛苦」到那個世界過愜意的生活嗎？一旦你到了那個世界又感到全盤錯誤時，不是太可笑了嗎？

自殺是違反自然的行爲。站在靈界的立場來說，人世是修業的場所，「爲了彌補不足，學習所未具備的才能而來人世」，而自殺却違反了這任務，提早回到那個世界。如此神靈怎會高興？當然是不討好。

不管如何，自殺者到了那個世界，一定會大感失望的說：「我想像中並非如此」由於事與願違，他會呆呆的站在那兒，不知所措，因爲他實在太失望了。

最近屢見有人自殺，例如爲愛殉情，家庭有糾紛而自戕身死等等，動不動就自殺的人似乎越來越多。事實上，死後不但不能脫離苦海，甚至到了那個世界之後將倍受折磨，比起人世的痛苦，簡直不可同日而語。

「爸爸，我在涅槃等着您！」沖雅也先生自殺時的遺言猶在耳邊，想不到他離開人世已整整兩個寒暑。依照佛教的意義，所謂的涅槃，是沒有痛苦及煩惱的世界，正是一般人所謂的極樂世界。

我們是爲了消業才到人世投胎的。必須遭受種種痛苦及煩惱。自殺的行爲無異是半途放棄消業。

消業是「把痛苦好好的玩味，再進行研究，利用它來提高你的品格」所以故意給我們製造逆境。

自殺者在還未消業情況之下，悄悄的又回到輪迴裏。到了靈界，不管自殺者是誰，也不問原因，伸出援手的可能性非常少。

所謂的自殺絕大多數是指結束自己的生命，但是也有所謂的殉情，男女雙雙自殺身死。日本的江戶時代有所謂的「相對死」，情侶自殺時，有一方活過來的話，就會受到處罰。

不管那一種自殺都不會受到歡迎。因爲來人世投胎的目的，正是爲彌補個人的不足。而且修業的長短各不相同，有的人三十年，有的人六十年……也有人八十年……。憑自己的意思在中途縮短修業期限而回到靈界，當然是不會受到靈界大衆的歡迎。

安樂死的有利性

迎接肉體死亡時的狀況，對以後在靈界的生涯有極大的意義。是故，對於「安樂死」這個大問題非愼重地考慮不可。到底安樂死的人和普通死者，到了那個世界有什麼不同呢？所謂的安樂死，顧名思義乃是指死亡時沒有痛苦的感覺，事實上這件事對死後有很大的益處。

死亡時的痛苦越少越好，能夠完全免除痛苦的話，那是最好不過了。

換句話說，安樂死的人跟很痛苦死亡的人相比之下，在靈界的遭遇就有極大的差別。也就是說，死亡時的痛苦難以消失。

爲什麼如此呢？我得針對這個問題說明一下。死者的五感（嗅覺、視覺、味覺、聽覺、觸覺）比在人世時敏銳五十至一百倍，所謂的六感、七感、八感等，人類所具有的「天線」將全面的發揮作用。

在人世所感覺的痛苦，死者將有幾十倍以上的感受。既然如此，那就必須盡可能的減少肉體的痛苦，安樂的死亡。這是對死者最後一次的重大事情，也可以說是一種供養。

安樂死的離開人世

臨終時，多數人感覺到極大的痛苦。排除這種痛苦，使他毫無痛苦的去世叫做安樂死。疼痛時打痲醉劑使他入睡，或者藉此緩和疼痛。接着，時常給他灌輸有關另外一個世界的知識。語氣溫和而緩慢的對他敍述，使他領會到「生命是永遠」的眞諦。

如果壽命只剩三個月，最好在這三個月之內，就要使他對另外一個世界確信，藉此解除他不安的心理。與其消除他的不安，不如給他希望，使他感覺到那個世界是一片樂土，完全解除恐懼的黑幕。

恰如疼痛時緩和他的疼痛一般，在他臨終時，最好使他安樂的離開這個世界。

「讓我安樂死吧！」

基於跟靈界的關係，我在很久以前就對安樂死感到興趣。想不到「婦人公論」也刊登了跟我同樣見解的文章，我現在就把它介紹給讀者。其中之一，就是女演員吉行和子的作品。

「還在孩提時代，我就夢見母親死亡而驚醒過來，呆坐在床上胡思亂想。這是我最恐懼的時刻。有時感覺到夢好似會繼續的作下去，以致通宵達旦的枯坐，再也不敢睡覺。翌日早晨我實在拿不定主意，該不該跟母親說？我仔細的瞧瞧母親，她仍然跟平常一樣，很健康的在工作。我才鬆了一口氣。

現在，我的母親已經超過了七十歲，仍然很健康的工作着。最近，我夢到自己好像快死了。我把這種情形告訴母親，說我感到害怕，想不到母親却回答我說，死亡這一件事是最公平的，每一個人註定都會死，只要有所覺悟就沒有什麼好可怕的。我乾脆就不再睡了，坐在床上，一個人靜靜的想了一陣子，可是得不到結論，於是又睡着了。

若我已被確定回生乏術，那就早早的讓我踏上幽冥之路。不希望利用藥品，或者今日發達的醫學，使我在苟延殘喘中生存。那就千萬別使我毫無指望的受活罪，在痛苦中掙扎，或者受恐怖折磨。我希望在這以前，給我彷彿睡覺一般的死亡，切勿再給我無謂的治療，就算縮短四、五年的壽命我也不會抱怨，因爲人畢竟非死不可……。

我不知道應該用什麼方式提出請願書，才能夠獲得准許。我希望當局認眞的檢討這個問題」（一九八二年十月號）

讀到此，你們有什麼感想呢？你對於人類最坦誠的感情，是否認爲應該受到重

視呢？

我接下來要介紹的是木村梢先生。木村是描寫演員——有關木村功之死的書「功・我好喜歡你」的作者，當她眼看着自己心愛的人一步一步的踏上死亡之路，如此的說：

「不管是那一種死法，失去了心愛的人，留在人世的遺族其痛苦之深，絕非筆墨所能形容。請你不要死！請你再活過來吧！雖然家族聲嘶力竭的喊叫，他仍然一步一步的邁向死亡。面對着這一切，我竟然束手無策。只能淚漣漣的懇求醫生，請他讓你毫無痛苦的死亡吧……。

在我丈夫木村功臨死前，已經無法挽回的那一夜，我懇求醫生，不要做任何延長生命的處置，例如：打強心劑、心臟按摩，以及使用人工呼吸器等。如果我丈夫有一點治好的希望，我可以不計任何手段及花費。既然他已經回生乏術，那就只好縮短他受苦的時間，使他安樂而自然的死亡。這是我由衷的願望，醫生也同意，我丈夫生前希望如此。

我丈夫木村功去世以後，我再也不對死亡存着畏懼之心。不管是那一種死法，反正死後就能會見我的丈夫。我內心如此的渴望，所以我已經把死亡拋諸腦後了。」

凡是閱讀過「功・我好喜歡你」的人，一定能夠深切瞭解木村梢女士的內心。

回生之術的病人

心臟外科權威榊原仟教授（東京女子醫科大學），得了肺癌，臨死前，據說再三叮嚀醫療人員不要使用人工呼吸器。我個人認爲「安樂死」絕非促早死亡的反人道行爲。

由於最近興起了機械醫療萬能的風潮，大家都認爲：只要使用機械檢查或治療就可以獲救。

然而對老人及重症病人來說，有時這並非他們的救星，反而增加他們的痛苦。現代的醫療已經形成過剩醫療，所謂的醫療又由層層的技術所構成。要保持老年人的健康，並非光靠擁有大批機械的大醫院所能夠辦到。

庭瀨大夫是胃腸科、循環器官科、以及成人病專門的醫生，他曾經在國立癌症治療中心以及三井紀念醫院服務過，處理過千件以上的老人癌症。就因爲如此，有時他對手術的意義也感到懷疑。

「幾乎所有的老人都反對手術。爲何硬要對不願意的老年人實施手術，使他們嚐盡痛苦的滋味呢？對八十歲以上的癌症患者，動手術又有什麼意義呢？」

雖然如此，庭瀨大夫並沒有主張安樂死。我個人認爲：醫生活生生的看着病人承受痛苦，當然會很自然的發出這種疑問。

由此我認定：對於思考到死後世界的安樂死論，基本上，他的思想是跟我相似的。

沒有痛苦的死

不久以前，電視公司的記者曾經到安樂死醫院採訪了兩名病人，那幾個電視畫面給我很深刻的印象，也許收看這個節目的人相當多。

一名是五十歲的小學女教師，另外一名是年紀相若的男工學技師。他倆的癌症都已經到了回生乏術的地步，他們也很清楚自己只剩下三個月左右的生命。

採訪記者問了一連串叫人頗爲不安的問題，想不到這兩位病人却從容不迫的回答問題，一點也沒有驚訝之色。

「恕我冒昧……聽說您只剩下三個月的生命？」那位小學女教員一點也不以爲忤，笑容滿面的有問必答。電視幕上映出的笑臉很自然，一點也沒有勉強。

我本人是一名演員，眞的笑容與勉強裝出來的笑容，根本就瞞不過我，我可以確定的判斷她的笑的確是發自內心，一點也沒有虛假的成分。

小學女教師最大的期盼是能再會見棄世已久的母親與大哥。男工學技師篤信靈界的種種實相，他平時也喜歡研究這一個課題。而且他是一位充滿了愛心的佛教徒，相信他在人世的所作所爲，不久以後就可以開花結果，一心一意等待着上天界的日子。

雖然死期逼近，肉體的痛苦會增強，可是借用藥品的力量就可以使它消失，當然也就沒有不安的心理。

這兩位都非常的沈着鎮靜，已經到了渾然忘我的境地。如今內心只充滿了期待，準備進入死亡之門。

我看到的是錄影帶，那時他們兩人已經不在人世了，可能已經宿願以償的進入了天界。院長至今還津津樂道他倆安祥的死亡，拿這一點跟一般患者的死亡做比較，才深深感到兩者之間相差甚大。

由此可見，研究靈界的實相越徹底越能堅信不移，同時也可以體會到：在肉體毫無痛苦的情況下，離開這個世界比什麼都重要。關於這一點，雖然我一再的強調，可是我仍嫌不夠。

越是瞭解靈界的實相，越深切的感到在人世培養愛心很重要。俗語說：「愛人者人恒愛之」，相乘的結果，在人世時亦能受到許多人的愛所包圍，幸福快樂的度過一輩子。

我個人認爲：認眞的研討安樂死是必要的。可是我們也得格外謹愼才行，絕對不能使它與殺人行爲連在一起，這一點非常重要。

爲了使病入膏肓的人多活一、兩天，或者幾天，對他實施甚爲痛苦的治療，實在沒有多大的意義。

對於只有一、兩天，或者一個月餘生的病人，與其讓他受種種痛苦的折磨而多活一些時日，不如在毫無痛苦之下，讓他安樂地啓程到另外的世界，比較有意義。只要是沒有痛苦的死亡，死者就能夠輕快而意氣昂昂的到另外的一個世界。

以日本來說，目前在四國及濱松各有一所安樂死醫院，看樣子，以後可能會增加到十或二十所。

輕鬆愉快的啓程到精靈界，再從精靈界轉移到靈界，必須從安樂死開始。

第五章　因果的地獄圖

靈界村的居民

在基本的構造上，靈界跟人世大異其趣，在那個世界裏，你不必強忍着痛苦，跟你厭惡的人相處。

事實上，並非不必強忍痛苦，而是跟厭惡的人絕對不能相容。這有如陰與陽的電氣會離開遠遠的一般，你絕不會和自己厭惡的人、憎恨的人碰面的。只有在地獄界才會跟自己所厭惡的人碰面。

相愛、興趣投合、性格相似、感情的波動類似、以及互相具有好感的人共同組成村落住在一起。

在這個人世裏，有五花八門、形形色色的宗教，他們有各自不同的人生觀、倫理觀。所以，宗教間的彼此攻擊及衝突多得不勝枚舉。

如此說來，像佛教徒及基督教徒等，到了靈界以後，是否將緊閉在宗教的硬殼裏，互相的仇視呢？事實上，像這一類的事根本就無從發生。

若說那個世界並沒有宗教，也不算言過其實。不管是佛教徒、道教徒、基督教徒，一切的外殼將被去掉，在同一的神之下生活。

所謂的神，在那個世界乃是指靈界的太陽，是故，必須沐浴在那個太陽光下，過着永遠的靈體生活。根本沒有理由把自己限在某某教、某某宗的小範圍內，更談不上在小範圍裏互相的仇視。

在靈界並不問宗教信仰，而是由同類、性格相同、興趣相投者組成一個群體共同生活。

所以並非屬於什麼宗教群體，而是心態相同者組成一個集團，也就是說心腸壞的人組成邪惡的群體，心腸好的人組成善良的群體，再細分爲種種不同的小群體共同生活。

至於貓、狗之類的家畜，到精靈界的階段，似乎還是跟人類在一起，一旦到了靈界以後，狗歸於牠們在靈界的村落，貓也似乎如此。很遺憾的是：學者一心一意只研究人界，對於貓狗等家畜在靈界的地位、住家、及其他的種種無從明白。

愛心連結的强弱

在移往靈界過程的精靈界，有一種必定能夠相聚的法則。只要你想會見某一個人，而他也正想會見你的話，立刻就能夠如願，兩個人即刻就能見面。是故，已去世的父母、兄弟、親友都能夠見面。當然，在人世時很恩愛的夫妻也能見面。

有一位老婦人曾經問我：「我想請教丹波先生一件過去的私事。一九四五年，我最喜歡的一個男人搭乘海軍的飛機，在飛機往沖繩的途中戰死了。因爲他曾經托夢給我說他已經爲國捐軀了。

時到如今，我仍然對他念念不忘，我陽壽若盡，到那個世界第一個想見的人就是他。在這個世界時，我無緣跟他結成連理，到了那個世界，我想一一的償宿願，跟他共効于飛之樂。丹波先生，您說到了那個世界以後，可以跟自己心儀的人見面，那麼，我的宿願可否得償呢？

如果宿願眞的能得償，我就不會感到死亡的悲哀，甚至我會期待着它的到來。不過，我已經是白髮皤皤的六十歲老太婆，那個人死時才二十二歲。就算我眞的跟他見了面，他會不會嫌我是一個老太婆呢？」說罷，她開懷的笑出聲來，但是她的眼睛告訴我，她絕非在開玩笑。

只要有強烈的愛心，他倆是可以很快的見面，得以一償宿願。而阿婆耿耿於懷的年歲差距，到了那個世界以後就會很快的拉近，雙方都會退回到二十歲的時光，到時將叫他倆大感意外。

「在人世受到了種種阻擋、磨難，始終無法在一起。希望到了那個世界後，可以得償宿願，了却相思」這是很悽楚又值得同情的話。可是這也要看個人的造化。如果是單相思，只有單方面強烈的思慕，而對方無動於衷，那就不可能見面了。

若雙方都有意，會如我敍述的那樣，立刻就能夠相會，互訴衷曲。尤其是彼此的性格完全一致，思想及一切都如同一人，那麼，他倆就能夠居住在相同的靈界村落裏面，永遠的活下去。

可是話又說回來，在好幾十億的人類裏面，能夠居住於相同靈界村落的例子，最多只有五百名罷了。這上面的天界約有五千人到五萬人，越往上爬，一個村莊裏的居民越多。

一般人都想爬上天界，以及天界以上，可是，絕大多數的人只能進入靈界。想到此，在衆多的人裏，兩個人希望同住於成員只有五十到五百名的靈界村落，實在是很困難的一件事。

所以一般缺乏堅貞的愛，即使到了靈界也不可能生活在一起。

血緣關係會變得如何？

在人世，有一生糾纏得掙脫不掉的關係，那就是血緣關係。特別是家族的關係，更是關連到生活的每一個細節。

也有令人感到無法消受，叫人煩厭透頂的家族關係。如果這種關係到了那個世界，還要持續下去的話，很可能會令一部分的人感到無法忍受。

譬如說，母親在生下你時，你的上面已經有異母兄姊，而他們把你視爲眼中釘，處處爲難你，你不希望到了那個世界又維持仇人似的兄弟關係。

很僥倖的，到了那個世界以後，親子的關係變得非常的淡薄，就算是同父同母的兄弟，到了那個世界不久後也會分散。本來，他們就是從靈界各自的村落來到人世投胎，一旦又回到了靈界以後，自然又會回到自己業已居住了好幾萬年的村落。

雖然在精靈界的階段，仍然在一起生活，但是進入靈界以前就會分散，從此以後，天荒地老都不可能再見面了。

同樣的，雖然是父子或母女關係，但是緣分一向很薄的人，更不會再度廝守在一起，這一點是可以放心的。

所謂夫婦之緣，也是極容易解消的。夫婦之緣意外的薄，到了那個世界仍然卿卿我我者少之又少。

這或許是跟所謂的「父子一世、夫婦兩世」的說法有關係。所謂夫婦「兩世」，意味着緣分比父子或母子深厚。父子母子的關係，在精靈界時雖然在一起，但是移到靈界以前就四分五散了，自此而後，永遠都不可能在一起。緣分薄，只有一世的關係。

相對的，夫婦往往互相憎恨，可是在人世時，一直都彼此容忍。也就是說，因爲居住在同一個屋簷下，想斬斷關係也斬斷不了，只能故作毫不在意的樣子，混淆衆人耳目共同生活。一旦到了那個世界以後，便能夠掙脫那一條鎖鏈，當然也會暴露出本來的面目。

在人世時，忍耐又一再的忍耐，可是一旦洩洪口被打開了，憎恨之意就會加深，於是到了精靈界以後，就變成怒目相視的死對頭。

基於這個意義，由於彼此強烈的念頭累積起來，才會形成所謂「二世」的深刻關係。愛情濃厚是深刻關係，互相仇視也是深刻的關係——基於這種意義，才被稱爲「兩世」？

互相仇視的夫妻關係

假如說，你除了結髮的妻子以外，還有「情婦」，那你一定會妄想死後到另外一個世界時，仍然能跟「情婦」在一起。

雖然沒有經過結婚的步驟成爲夫婦，但是，只要在人世眞誠地相愛，我認爲到了那個世界後，可望幸福。

環顧四周，在人世的夫婦關係中，以理想的關係結合者甚少，往往都有或多或少的瑕疵。不是爲了佔便宜而結婚、受父母的強迫勉強結婚，就是爲金錢的利害一致而結婚。這種的例子相當多。

這種情形下，男女雙方都認爲「既然已經在大家面前宣佈結成夫婦，那只有看破一切，忍耐下去了」。以這種態度在人世生活的話，憎恨的念頭會日復一日的累積下來。

諸如這般的夫婦，隨着年華老去，隨着在一個屋簷下生活的歲月增多，逐漸的會挑剔對方的缺點，以及短處，以致，彼此憎恨、仇視起來。不然就是一方表示厭惡，而一方却偏偏執着不改，到頭來只有破裂一途。

夫婦應該是攜手同進，互相慰藉、勉勵才是理想，如果憎恨日益加深，成見牢不可破，一旦到了那個世界以後，彼此間的關係就會斷掉，以致越離越遠。

精靈界就有這樣離開的夫婦，而且爲數相當多，雖然彼此離得很遙遠，但是仍舊向對方投以憎恨的眼光。

據說有人走過其間的話，憎恨的視線會像槍彈一般的貫穿他的身體。如此看來，非但人世，就是到那個世界，仍舊想維持夫婦關係者，可說少之又少。

當你考慮結婚時，最好有一個理想，那就是：「到了那個世界仍舊能夠在一起」。其實，沒有幾個人符合於這種理想。

結婚的承諾會變得如何？

有一名小姐問我：「本來我答應某人到了那個世界以後跟他長相廝守，可是後來他逐漸的露出本來面目，因此我對他已經心灰意冷了，可是我對他的諾言，還存在於靈界嗎？」這實在是叫人感到興趣盎然的質問。往日曾經答應對方「死後我仍然會跟你長相廝守」，想不到這諾言是守不住了，可是又忐忑不安，以爲到了那個世界就非實踐以前的諾言不可。

尤其是女性的情緒比較容易衝動，往往由於愛苗不能開花結果，不能長伴君側，因此哭泣着對他說：「到了另外一個世界，我一定跟你長相廝守」。可是曾幾何時，他惡劣的本性逐漸的暴露出來，以致對他再也不留戀了。

女職員跟上司戀愛就是最明顯的例子。可是非常遺憾的是：頂頭上司已經使君有婦、兒女也成行，當然只能陳倉暗渡，不能結婚。現在，我就要舉出一個例子。

「我進入公司，被分配到A支局時，他正是該支局的次長。所謂的支局長只掛名而已，無論是營業到內勤的指導，都由他負責。

就是因爲如此，很自然的，局裏的女職員，在交談時，有意無意之間，都會以他爲憧憬的對象。我難免也受到這種氣氛的影響，逐漸的對他產生了好感。

雖然如此，但是他已經使君有婦，甚至有一對可愛的兒女，縱然是對他心存好感也無可奈何。

在那一年的夏天，營業人員都被邀參加所謂的激勵會，幾乎所有的人員都參加，並且在酒會過後，全體到夜總會跳迪斯可。好幾位女職員邀請他跳迪斯可，在大夥兒都跳得精疲力竭時，他悄悄的請我共舞。

「我感覺妳比任何的女職員都具有女人味。我眞想好好的請妳吃一頓飯」他一面跳舞一面如此對我耳語時，我興奮得差一點就跳了起來，想不到在衆多的女職員中，他心儀的人竟是我。

幾天以後，他果然請我吃飯，那時只有接吻，但是隔天的夜晚，終於發生了很親蜜而不能告人的關係。

星期六下午，下班以後彼此等候，悄悄的到飯店幽會已經成了我倆每周約會的模式，如此瞞着他人耳目，暗渡陳倉，前後已經一年半之久。那時，我曾經情緒激昂的對他說，如果在人世無法結成連理，到了幽冥世界將天長地久的與他厮守。

如今，誓言猶在耳，可是我倆的關係却亮出了紅燈。公司的營業日漸轉惡，頻頻出現赤字，能力強的社員接二連三的辭職求去。而他呢？似乎對自己的能力很有把握，也步上其他社員的後塵，踏上了獨立之途。

或許估高了自己的能力，他也跟其他離職乍獨立經營的人士一般，到處碰壁，事業受到阻塞，以致每次跟我約會時再也沒有昔日的光采。

西裝變得邋遢，甚至在大白天就酒臭薰人，而且往日的體貼也變成了昨日黃花。據說，男人一旦事業不順利，工作的齒輪脫離了軌道，整個人就會完全的改變，他正是這樣。

他的雙眼曾幾何時已失去了昔日的光采，就算是跟他約會，再也尋不回昔日與趣盎然的時刻。爲此我很不想跟他約會，即使他打電話來，我也會藉故搪塞。不久以後，他明白了我對他已不再眷戀，惱怒之餘，在電話裏威脅我說，將對我的母親洩露我跟他的一段情，這種行動使我對他更反感，以致，毅然的中止跟他的關係。

雖然我跟他已分手，了無牽連，可是，我畢竟一度答應他在那個世界跟他長相廝守。這一個誓言如何才能消失呢？想起來就叫我煩惱。」

這種煩惱，或許是免不了的。可是從結論來說，那是用不着煩惱的。

不管男女雙方誰先死亡，只要有一方的意識離開了這個誓言，就不致於在那個世界碰到自己不喜歡的人，當然，也不必害怕那一句諾言會對妳發生什麼作用。

透過玻璃的愛

在靈界認識的人，彼此間的一切都無法隱瞞。在人世的話，即使言不由衷的說

：「我喜歡你這樣的典型」或者「我跟你有同感」，而心中的想法正好相反，對方也無從知曉。

在靈界，雖然沒有用言語交談的必要，可是對於彼此內心所想的事情，都可以一目瞭然，知道得一清二楚。只要對方眞正的喜歡你，就彷彿透過玻璃似的，可以把對方對你的「愛」看得非常透徹。

在這種情形之下，如果有一方的「愛」比較少，譬如說男方愛女方的程度，不及女方愛男方，或者情形剛好顚倒過來，都不能使愛情成立。

所謂「愛情不能成立」，乃是指兩個人無法結婚。

可是，我現在所敍述者，並非指地獄界，而是指天界，或者位置稍下的普通靈界。由於能夠徹底的看到彼此的內心，所以絕對沒有所謂的嫉妒關係。

跟同類的人在一起，建造村落居住，自然也把對方看成自己，在生活裏充滿了無限的愛。在這種靈界裏，根本就沒有所謂嫉妒。

靈界村落的結婚

靈界也有結婚這一檔事。可是它跟人世的結婚截然不同。只能同村的人通婚，絕對不能跟其他村莊的人結成夫婦。這是前所未聞的「單純」，只能在靈界看到。

居住在同一個村落，如同前面所敍述的，由一百到五百人組成一個村落。這些人無論在嗜好或興趣方面完全相似，簡直跟一個人一樣。

在這些跟自己很相似的人當中，如果有一個人跟你完全脗合，意見及愛一致到極點時，就會擧行結婚。這時，女的靈魂會進入男靈魂裏面，變成一個靈魂，以後被當成一個人看待。

由於兩個人格合而爲一，比起個別存在時，具有更龐大的靈作用力。一加一並不等於二，而是等於三甚至四，換句話說，昇華爲三、四倍大。遇到這種情形，村人都會群起而祝福，並爲他倆擧行豪華的婚禮。

在婚禮的場地半空中，全身光明燦爛的少女群舞，金銀粉般的雪花四處飄揚，在歡天喜地中舉行婚禮。

到了靈界以後，能夠找到這種伴侶結婚是最幸福的一件事，就算是對周圍的靈來說，何嘗不是幸福呢？

或許有人會問，既然是結了婚，免不了會生男育女，其實才沒有這種現象呢！靈界結婚跟生殖完全無關。充其量，只不過是兩個男女的靈格合而爲一，使靈格增高了品味，以便對周圍的靈服務，如此而已。沒有精靈界或地獄界所慣有的男女交媾。

沒有謀生的職業

以靈界的村落來說，能夠滿足內心的事情，也就是他們的職業。在人世時縱然是律師，到了靈界以後很可能提起彩筆作畫，或者學習音樂等等。反正沒有當成生活手段的職業。

雖然如此，但他們也並非閑散着，而是忙得團團轉。每一個人都爲別人，毫不怨尤的貢獻自己，爲別人忙碌，每天就這樣過去。說得更明白一點，靈界的村落沒有令人嫌惡的職業，更沒有破壞性的職業，每一件工作都是他們心甘情願去做的，絲毫沒有勉強的成分。

靈界村落的住民，每一個人都很溫和而慈祥。因爲心中充滿了愛，意念就直接顯現在臉上。就因爲如此，每個人的面孔都充滿了光采，而且渾身散發出沁人的香氣。

每一個人都很開朗，內心充滿了善意。他們從來就沒有「只要自己舒服，管他們喜歡不喜歡」的自私念頭，當然也就不至於孤獨，大夥兒安樂而愉快的生活在一塊。看起來就頗有極樂世界的味道。

基督教的「天國」、佛教的「極樂世界」、以及印度教及回教的「天界」，都是把人世當成俗世，相對的，創造出了理想的世界。因此除了地獄界以外，無論是那一層的靈界，都可以把它們視成天國、極樂淨土、以及天界。

我認爲靈界上面還有天界，以及天上界等的世界，可是就算是無法爬到天界及天上界，僅在靈界，也能享受到比人世好幾十倍乃至幾百倍的幸福。

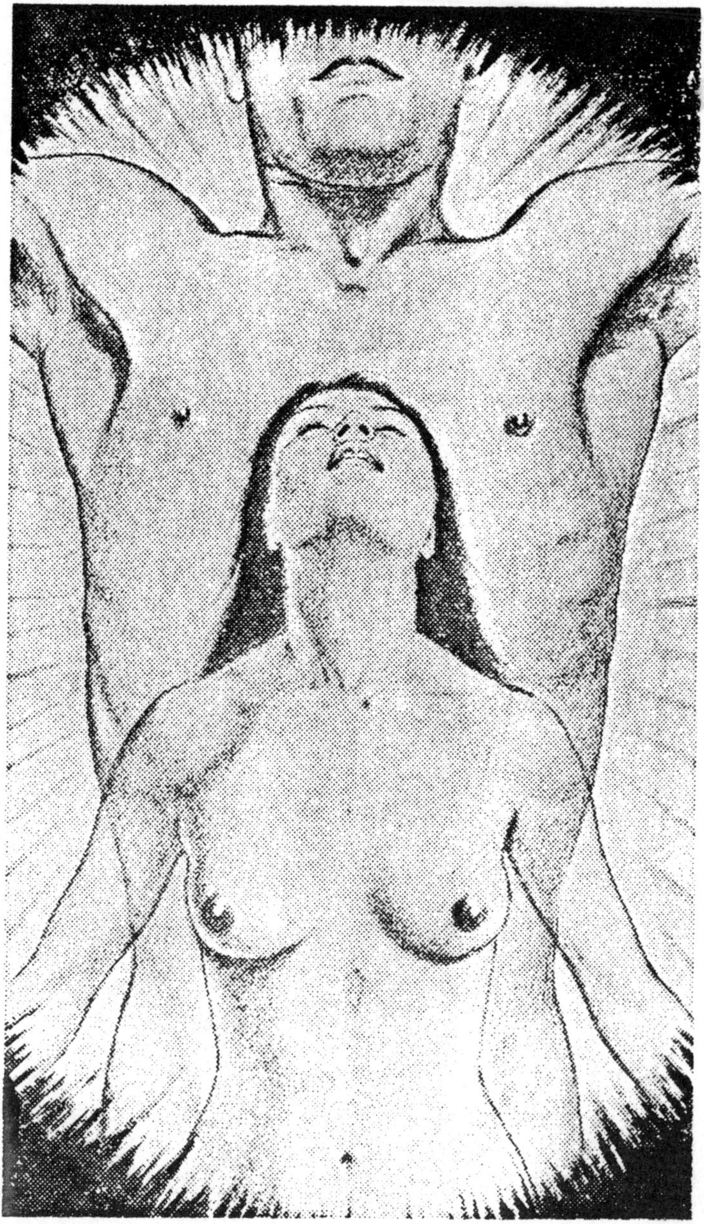

就以天界來說吧！不管是道路、樹木、建築物都使用寶石製成。它們發散出耀眼的光輝，到處都有盛開花兒，眞是如夢似幻的世界。

這個世界接納比靈界居住者具有更高靈格者。恰有如人類有人格一般，靈也有靈格，靈格受到在人世時的行爲很大的影響。

那一種人物可以上天界呢？我認爲：隻身到偏僻地方救人的醫師，窮鄉僻壤的教育者，爲衆人義務服務而不辭勞苦的人，凡是這等人都有資格到天界。

就算只在靈界，而不在只有少數人能夠去的天界，我們也可以享受幸福。

在靈界沒有進食的必要，當然就沒有所謂的食物。衣服則是帶有青味的白色長袍，不會骯髒，也不至於擦破，所以沒有洗滌的必要。又由於沒有灰塵、汚物，自然也就不必打掃。沒有夜晚，連帶的也不必睡覺了。反正，沒有人世的一切雜事。可以全心全力的爲其他的靈魂服務。

所謂的沒有夜晚，意味着靈界沒有時間的概念。時間是永恒，而他們對永恒的時間不會感到無聊。

至於年齡方面又如何呢？那兒的年齡增長跟人世不同，以二十歲爲巔峯。也就是說，在六、七歲時就死亡的人可以成長到二十歲，到此就永遠停止，不會再老下去了。至於五十歲死亡的人，也可以向後倒退，一直年輕到二十歲，然後永遠停在二十歲。

如果你想停留在某一個階段的年齡也可以辦到。

在這個靈界，人世所受到的教養是非常有用的。可是很遺憾的，一個靈魂如果有優越感的話，在到靈界以前就會被消除掉，因爲在靈界，所謂的優越感，一點用處也沒有。

在精靈界時就會恢復本來的面目，然後再送到靈界，所以人世的地位及財產等，到了靈界就一點也發生不了作用。

就因爲靈界如此單純，自然不必仰人鼻息，不必在意別人的評價，更不必嫉妬、羨慕別人，甚至不必費力氣去明爭暗鬪，可以憑自己原來正直的人格、純潔的心，過愉快的生活。

到了這個境地，每天勤勞的爲大衆服務，變成非常自然的一件事，他人的喜悅也就是自己的喜悅，善意的爲他人設想、服務。靈界的生活充滿了愛及溫馨。

「往生要集」所描寫的地獄

跟充滿了愛的靈界村落與天界相較之下，地獄界的生活實在是充滿了苦惱。累積惡因的苦報，讓自己心甘情願墮入的地獄，到底是怎樣的地方呢？我們的地獄觀或許可由血池、刀山來代表。使這種想法在民衆內心定型的是：「往生要集」這本書。

在日本平安時代中期，天台宗的僧侶——惠信寫了「往生要集」這本書，它大大的影響了日本人的「地獄觀」及「宗教觀」。就有如書名一般，這本「往生要集」刊登往生極樂世界的重要教條，但是它並非惠信一個人的作品，而是一部引用種種佛教經典的巨著。

在江戶時代，爲教化民衆起見，各地的寺院都紛紛掛起「地獄變」、「淨土變」等圖畫，而這些圖畫的資料都來自「往生要集」這部書。

不久以後，它們就變成了所謂的「地獄草紙」、「地獄畫卷」，廣泛地流傳於民間，於是「刀山」、「血池」等地獄，才開始在我們的生活裏定型。

依「往生要集」的記載，所謂的地獄是由「八大熱地獄」及「八大寒地獄」所形成。

▼八大熱地獄

①等活地獄……殺人等罪犯受刑之地。

②黑繩地獄……盜竊等罪犯受刑之地。

③衆合地獄……邪淫者受刑之地。

④叫喚地獄……喝酒之罪。

⑤大叫喚地獄……撒謊之罪。

⑥焦熱地獄……邪見之罪＝不信諸行無常者受罪之處。

⑦大焦熱地獄……冒犯守戒律的女信徒（尼僧）之罪。

⑧無間地獄或阿鼻地獄……犯殺父、殺母、殺聖者，及傷害佛之罪。

▼八大寒地獄

①頞部陀地獄　②尼刺部陀地獄　③頞哳陀地獄　④臛臛婆地獄　⑤虎虎婆地

獄⑥嘔鉢羅（青蓮華）地獄⑦鉢特摩（紅蓮華）地獄⑧摩訶鉢特摩（大紅蓮華）地獄。

——每一個地獄還有附屬的副地獄，特舉出如下：

煻煨副地獄……被迫在熱灰（煻煨）中行走的地獄。

屍糞副地獄……由屍體、糞尿泥沼所形成的地獄。

鋒刃副地獄……被迫在刀劍林立的路上行走，手足及眼睛將被狗或烏鴉所食。

烈河副地獄……在沸騰的細長河流裏，罪犯載浮載沈。想逃到岸上的話，獄卒就會用刀槍把他們打入河裏。

下面，將詳細的介紹每一個地獄。

①等活地獄（殺人等罪）

此乃是八大地獄的第一個地獄。凡是殺人、殺生者（包括動物等有生命之物）都會墮入這個地獄。所謂的「等活」地獄，乃是指：不管受到任何嚴重的責打，或甚至被分屍，看來好像已死亡的罪魂，仍然會再度的活過來受罪。也就是永遠受罪的意思。

有時被投入鐵釜裏，像豆子似的炒來炒去，或者被拋進熊熊大火中，不然就是溶漿潑到頭上，再流到身體。

還有罪魂被拋入沸騰的糞尿裏面，連骨髓都被蟲吃盡。

②黑繩地獄（竊盜之罪）

這個地獄是用燒熱的鐵繩來刑罰罪魂。罪魂被命令躺在燒熱的鐵片上面，獄卒用燒熱的鐵鞭責打罪魂。接下來，再用燒熱的鐵斧裁割罪魂的身體，再使用鋸子或刀切成細細的肉片。

有些罪魂被追趕到下垂的無數燒紅鐵鏈之中，在一陣狂風刮起之後，罪魂的身體就會跟燒紅的鐵鏈纏繞在一起。

雖然受盡了苦刑，罪魂却不會死，永遠地受罪下去。

地獄的鬼卒一面刑罰罪魂，一面責備說「世上最可怕者莫過於人心，它是各種罪惡的根源。就是因爲你的心太邪惡，才會墮入這個地獄。你將在地獄受苦，爲自己犯下的惡業，將無休止的被火焚燒」。

③衆合地獄（邪淫之罪）

在這個地獄裏，有兩座相對的巨大鐵山，罪魂一旦被趕進去，兩座相對的巨山就會合攏把罪魂壓扁。

墮入這個地獄的罪魂，都是生前犯了邪淫之罪。在此地獄裏，他們將受到以下的折磨。

一開始罪魂就被置於刀山樹林裏。樹頂上有打扮妖冶的女人。罪魂看了女人，很快的開始爬樹，可是，刀樹會割裂他身上的肉，切斷他的筋。費了九牛二虎之力好不容易爬到樹頂，女人却忽然地站在地上，以妖媚的眼睛瞅着罪魂，嗲裏嗲氣的說「奴家那麼愛你，爬到樹下等你，你却不擁抱我……」

罪魂感到滿腔慾火在燃燒，他飛快的爬下樹。這一次樹葉忽朝上，銳利有如剃刀，罪魂的身上到處血肉模糊，好不容爬下了樹，女人又忽然的爬到樹上。

如此這般周而復始，永久不斷的重複下去。

在衆合地獄附近還有一個所謂「多苦惱」的特別地獄。這是愛好男色所墮落的地獄。這種女子身受的苦楚是：看到了往昔跟自己發生關係的男人，渾身將有如火焚一般發熱，慾火難禁，而一旦緊抱那男子時，該男子就會粉碎。

亦有淫他人之妻，或奪人所愛者所墮入的地獄。這種人會倒吊在樹枝上，頭部在下，獄卒就放火燒他們的頭部。但是整個罪魂被燒成灰以後，再度活過來。如果因耐不住痛苦而喊叫的話，火焰就會從嘴進入，開始焚燒的內臟。

④叫喚地獄（飲酒之罪）

墮入這種地獄的罪魂，往往受不了苦刑而哭叫起來，因此稱爲「叫喚地獄」。破了佛教五戒之一「不飲酒」的人將墮入這個地獄。其實，比起單純的喝酒，爲了喝酒而怠慢了佛弟子的修行，以致不能到達開悟之境，才是眞正的惡行。

在這裏，鬼卒用鐵棒打罪魂的頭，叫罪魂在燒熱的鐵板上面行走。有時也被拋進沸騰的鍋裏。除此之外，像慫恿別人喝酒，再揶揄他們，欺侮他們，或者汚辱他們，都會墮下這個地獄。

在此地獄裏，熊熊火焰高達一百公尺，以致，從頭頂到脚尖都會燒成灰。可是不久以後又會復生，等於是永久的接受刑罰。

⑤大叫喚地獄（撒謊之罪）

這個地獄所造成的痛苦，比起前一個地獄更甚。

凡是撒謊害人者都會墮入這個地獄。而這等罪魂所受到的懲罰，正有如俗所傳的「撒謊者會被閻王拔掉舌頭」一般。鬼卒拿一把燒熱的橇拔開罪魂的舌頭。可是才拔下不久，舌頭又長出來，長出來再拔……如此永無休止的拔下去。

⑥焦熱地獄（邪見之罪）

這個地獄正如它的名稱，乃是一個焦熱的世界。換言之，前面五個地獄的火比起這個地獄來，簡直是小巫見大巫，冷得有如霜或雪一般。

墮入此地獄的人，跟墮入前面五種地獄的名稱稍異，是破了佛教五戒中的「不正確的思想（邪見）」，而墮入此地獄。那麼，這個地獄的刑法又如何呢？

罪魂躺在燒熱的鐵板上面，骨碌骨碌的旋轉，一面受到巨大鐵棒的打擊，變成了肉醬，或者用一根鐵串從肛門刺到頭上，有如一片烤肉似的，一直燒到骨髓焦了為止。

⑦大焦熱地獄（侵犯守戒律者之罪）

這個地獄的火焰高達四千公里，而火的寬度也有一千六百平方公里。這場猛火是罪魂的惡業所引起的。鬼卒把罪魂從山頂推入大火裏面。

那一種惡業會在此受罪呢？那是「侵犯嚴守戒律的僧尼」，「侵犯嚴守戒律的女信徒」以及「僧人慫慂守戒律的女信徒喝酒，騙她成姦，或者接受賄賂」等等。

⑧無間地獄或阿鼻地獄（最惡劣的罪）

此地獄的位置在熱地獄的最底部。在戲劇世界裏，「奈落」意味着舞台下，此語源爲「地獄」，所謂「奈落之底」也就是地獄之底。也是在人世犯下最惡劣罪行的人墮下的地獄。它的位置在衆地獄的最底部。

這個地獄稱爲「無間」，也有人叫它「阿鼻」，乃是出自「阿鼻叫喚」這一句話。

那麼，在人世「最惡劣的行爲」又是什麼呢？就是指殺父、殺母、殺聖者、以及傷害佛。

這個地獄刑罰的痛苦，正是「阿鼻叫喚」的寫照。例如：命罪魂攀登燒熱的鐵山，攀登後再下來，攀登又下來……不斷的重複。

同時，從罪魂口中拔出舌頭，再用百枝鐵釘，把罪魂的身體釘牢，使他絲毫不能動彈。

在別的地方，有一些罪魂耐不住饑餓，開始吃起了自己身上的肉。吃完了就再度活過來，活過來又開始吃。

然後被帶到名爲「閻婆」（巨大有如象一般）的大鳥處，由閻婆用吐出火焰的喙啄食，再被運到高空拋下來，頭部朝下的跌成粉碎。可是很快的就活過來，再由怪鳥啄食。

⑨八大寒地獄

與八大熱地獄相對者爲八大寒地獄。很遺憾的是：「往生要集」省略了詳細的說明，以致，日本人的地獄觀一直停留於「地獄是酷熱」的範疇。其實，佛教經典明明記載熱地獄旁分明有極寒的地獄。

最初的「頞部陀地獄」的「頞部陀」指腫瘤或皮膚病。墮入這個地獄的罪魂由於太寒冷，身上都會長出疙瘩。

其次的「尼剌部陀地獄」，由於更嚴寒之故，罪魂身上長的疙瘩就會破裂。

其餘的「頞哳陀地獄」、「矐矐婆地獄」、「虎虎婆地獄」，就是表示：由於太酷寒之故，罪魂忍受不了，於是發出了「啊哆哆」、「咔咔吧」、「呼呼婆」的慘叫。

再下來的「青蓮華地獄」、「紅蓮華地獄」、「大紅蓮華地獄」又如何呢?所謂「青蓮華地獄」，乃是嚴寒迫身以致皮肉綻開，身體有如青蓮華。至於「紅蓮華地獄」則是皮綻肉開有如紅蓮華的地獄。最後的「大紅蓮華地獄」就是皮開肉綻的程度，恰有如大朶的紅蓮華一般。

以上是「往生要集」所記載的地獄圖。

至於一般人所謂的「血池」、「刀山」之類的地獄圖，我一向抱着懷疑的態度。可是，歐洲人心目中的地獄也跟「往生要集」所記載的差不多。

「神曲・地獄篇」的地獄圖

但丁的「神曲・地獄篇」，乃是歐洲代表性的描寫地獄的書籍。歌德稱讚它爲「人類最高境界的詩歌」。就連海爾、蕭賓哈威爾等大哲學家，都把它奉爲經典之作。

『神曲』由「地獄篇」、「煉獄(淨罪界)篇」、「天國篇」組成，三界的光景透過男主角（但丁的分身）之口，娓娓的被道了出來。

這個「地獄篇」所記載的地獄究竟是何景象呢？

從第一獄到第九獄，依個人在人世所造的罪業，決定應該墮入那一個地獄。

這個地獄有一道門，門上記載着「此乃悲哀市鎮（地獄全體）之入口。亦是永久煩惱之入口，也是失足者之入口。

義行會感動造物者。造物者憑聖大無比的力量，至上的智慧，以及根深蒂固的愛製造了我。除了永久之物（諸天及天使），沒有一件東西比我先製成。我會永久存在。凡是進入這一道門的人，必須捨棄一切的欲望。」

通過了這一道地獄之門後，令人恐怖的黑暗，以及苦惱的世界就展開在眼前。

●第一個地獄（無信罪的世界）

並非犯下罪惡才來到這個地獄，而是沒有接受洗禮，不能持有人生的指標，被送到此地。只要接受淨罪就可以上昇到天國。舊約聖經所記載的亞當、夏娃、摩西、彼得等的靈魂，就是在此地接受救濟。

●第二個地獄（邪淫罪的世界）

屈服於肉欲本能的罪魂將在此受苦。據說，埃及艷后——克蕾奧芭多拉也來到此獄。

●第三個地獄（饕食罪的世界）

貪食的人將在這個地獄受苦。

●第四個地獄（貪欲及浪費罪的世界）

一毛不拔而斂財的人，以及揮霍無度的人將在此獄受苦。

●第五個地獄（忿怒罪的世界）

憎惡及憤怒強烈的人，將被送到這個永遠忿怒的世界。

●第六個地獄（異端罪的世界）

此乃是異端邪說的罪人受苦的世界。

●第七個地獄（暴行與獸行者的世界）

搶奪財物的海盜、盜賊、殺人者、不流汗而斂財的人，以及愛好男色者會墮入此地獄。

●第八個地獄（背判信賴者的世界）

販賣女奴、誘拐女人、阿諛者、出賣聖職、聖物者、使用妖術者、濫用職權的貪官污吏、僞善者、犯竊盜罪者、老奸巨滑、欺騙世人者、挑撥離間者、欺詐者等等會墮入此獄。

●第九個地獄（傷害特殊信賴者之罪的世界）

殺害親兄弟、詐騙、出賣祖國及黨的人、背叛朋友的人、恩將仇報的人，將在此受罪。

到過靈界的男子

以上，我敍述了很多地獄的眞相，可是眞正目睹過的人，在人世恐怕難以找到一個。

就因爲如此，不管是「往生要集」所描繪的地獄圖，或「神曲・地獄篇」所描寫的，一直被視爲想像的產物。

十八世紀確實有一個人到靈界旅行，並且把經過記錄下來，他就是瑞典的史威丁堡。

史威丁堡畢業於屋布沙拉大學以後，曾經擔任過礦山技師，其後又以貴族院議員的身分大爲活躍，一方面也在科學、數學方面留下傑出的成績。潛水艇、飛機等，據說來自他的構想，即使以今日的眼光看，仍然有很多項發明讓人驚訝。我們不說別的，只要提起歌德的「浮士德」，大家就會恍然大悟。因爲書中的浮士德一角就是以史威丁堡爲模特兒。

史威丁堡撰寫的「靈界著述」達十數卷。該書記載他在靈界旅行時，跟靈魂交談，以及他的所見所聞。

更叫人驚駭的是：他對一名牧師說：「我將於一七七二年三月二十九日捨棄這個世界，到靈界過消遙自在的生活」果然如他的預言同年同月同日離開了人世。

日本的鈴木大拙師是世界著名的禪學者，他把史威丁堡介紹給日本人民。這本「靈界著述」開場白如下：

「前後凡二十餘年，我屢次把肉體留在人世，成爲脫殼的靈魂，出入於人類死後的世界，也就是靈魂的世界。同時，透過我自己的眼睛，以及本身的體驗，研究那個世界的一切。如今面臨棄世的我，正把整個靈界的一切，原封不動的記述下來，準備傳達給世人……」

史威丁堡把自己關在房間幾天，不讓任何人進去，也不飲食，開始進入靈界漫遊。

靈魂離開肉體

對普通人來說，跟靈界通信簡直是痴人說夢，根本就辦不到。不過對具有某種超能力的人來說，那是很簡單的一件事。所謂超能力，是指很容易接到那個世界的「訊息」，也就是說，具有收到靈界消息的「天線」。

以一般人來說，潛意識佔百分之九十，表面意識佔百分之十。具有特殊能力的人，其組合法的平衡時常會起波動。

例如：在某些場合，表面意識佔百分之三，在其他的場合，却佔了百分之十五。表面意識與潛意識的層次，並不一定以一比九的比率劃分。當潛意識侵入意識時，很容易收到靈界的訊息。

具有超能力的人比一般人，更容易受到那個世界的訊息。

史威丁堡就是這種人。讓靈魂離脫肉體的方法，史威丁堡稱之爲「死的技術」。依我看，這跟「近似死」的狀態相似。

他如此寫着——死者的靈魂到靈界以前，必須先到精靈界，在此地消除人世的一切虛僞及粉飾，恢復本來的面目。待靈魂回復到「眞我」時，再從靈界、地獄、天界三者選擇其一。

並非生前的所作所爲決定一個靈魂的去處，而是善靈會選擇容易安身的靈界，至於惡靈呢？自然是毫不猶豫的選擇伙伴們所居住的地獄。

無限地向下延伸的階梯

那麼，史威丁堡所看到的地獄，又是何等光景？

精靈界有一條道路通到地獄界。先鑽過一個洞穴，然後步上不斷向下延伸的階

梯。史威丁堡說，他耐心的一直走下去。

階梯的盡頭是平坦的地面。四周雖然罩着黑霧，但是仍能看到微亮的燈火。那就是地獄的太陽。

待眼睛習慣以後，就可以發現那兒跟靈界一樣，也是一片廣大無際的世界。雖則房舍、街道、樹木、山谷等跟靈界相同，可是看起來總是怪怪的，讓人覺得不順眼，而且到處飄着惡臭。

在這個地獄界，惡靈的生活也叫人驚心動魄，簡直不忍卒睹。史威丁堡走到一個街角時，突然有一個惡靈闖出來。接着，另外的一個惡靈趕上了他，大聲的咆哮起來，好像怒不可遏的樣子。

更妙的是：有如受到了那聲音的慫恿一般，四面八方都有長相奇醜的惡靈奔了出來，然後展開了「群罵」。

我一點也弄不清楚他們在嚷叫什麼？只察覺到他們的語氣充滿了忿恨、憎惡、以及報仇的念頭。謾罵的語調叫人不敢領教，令人恐懼，使我渾身起疙瘩。

接着，所有出現於街頭上的惡靈，開始對最初奔出來的惡靈拳腿交加。有的用拳頭揍他，有的丟石頭，更有的用脚踢他，把手伸入他的眼睛裏，或者嘴裏，胡亂的飛舞着。那一個變成衆矢之的的惡靈，痛苦的慘叫起來，他瀕死的表情，彷彿一枝箭似的射入我的心，叫我痛苦萬分。但是那一大群惡靈並不放過他，殘酷的舉動更變本加厲。

在地獄界，諸如這一類的事情，在不同的地方不斷的發生。這就是惡靈所受到的責罰。

醜怪的臉，令人作嘔的惡臭世界

「這並非神所下的責罰」，史威丁堡如此的說。

地獄界的刑罰，乃是惡靈自己招來的。惡靈以虐待及侮辱其他的惡靈爲樂事。他們的世界毫無秩序，只有醜惡我執的對立罷了。

正因爲如此，他們令人髮指的惡行，一旦進入地獄界，就有如脫韁的馬匹，掙脫人世的法律、批評等束縛，把自己的邪惡淋漓盡致的表現出來。

心中充滿了忿恨、嫉妒、爭鬪、憎惡的人所居住的環境，已帶有地獄的樣貌，這是勿庸置疑的。

邪惡之徒他的心相會直接顯露在臉上，一臉的惡煞相使人畏懼。跟靈界香氣飄散的生活剛好相反，他們所帶來的盡是令人掩鼻的惡臭氣。

邪惡者的長相，並非在人世時，就顯得那樣醜怪。而是到了精靈界以後，隨着「自我」的逐漸暴露，才逐漸的變成那幅尊容。

在人世也有「犯罪者的相貌」、「凶惡者的相貌」，至於靈界，每一個靈的面孔都十足反映出靈的性格。換句話說，面孔佼好者都具有高潔的靈格。

靈界是在地獄界的上空。靈界的上空，又有一層天界，天界的風景跟靈界差不多，只是多了一層淡金色的大氣。

幾乎所有天界的靈，都是從精靈界直接昇上去的。換句話說，只要靈格高超，就可以直接上昇到天界。

當然啦，地獄的那些惡靈根本就無法在格調高的靈界居住。由於「靈界的太陽」光所使然，天界的亮度，幾乎叫那些惡靈感到刺眼。靈格低的惡靈一旦碰到了那

種光線，立刻就會被燒焦。

從高層次要下降到低層次很容易，反過來說，欲從低層次上昇到高層次，就算一時能夠抵達，也不可能長久的忍受下去。

回到了「眞我」狀態下的靈魂，善者可上天，惡者會下陷。善者可以不斷的往上昇，而惡者只能不斷的往下陷。到頭來，儘管自己猛然開悟，但是欲從地獄往上爬，恐怕不是一件很簡單的事。

第六章　向守護靈祈禱

運氣由守護靈操縱

你曾經聽說有所謂「守護靈」的存在嗎?只要是一個人，不管是誰，都擁有守護靈、背後靈以及指導靈。

●**守護靈**——他一直照料你的人生，使你的人生能夠儘量順利。守護靈都是由本人祖先的靈魂來擔當。

當你到靈界時，他也會溫和的陪伴你。到了靈界以後，又是決定你的地位及評價的後盾。

●**背後靈**——守護靈照料你身邊的一切事情，背後靈則是你到靈界以後，在遠處靜靜的守着你。背後靈也是你祖先的靈魂。

●**指導靈**——在背後靈之內，他專門指導你的職業及興趣方面。像大藝術家、名演員、大企業家等，在人世赫赫有名的人物，通常都有很傑出的指導靈。

傑出的靈媒者只要放眼一瞧，即能夠把守護靈看得一清二楚。不僅能夠看出他

是幾百年以前的祖先，甚至連階級、年齡都逃不過他的「法眼」。而且亦能夠估計守護靈的力量。

如果靈媒者發現金光閃閃、或者光輝燦爛，叫人簡直難以睜開眼睛的話，那一定是非常有力的守護靈，受到這種守護靈保護的人，不管生什麼疾病都能夠轉危爲安。一切危險都無法靠近他。對於這種人，我們只能用「幸運」兩個字來形容。

我個人認爲：守護靈最有力的代表者首推松下幸之助先生。我本人不曾與松下先生謀面，但是，所有的靈媒都異口同聲的說，他被很有力的守護靈守護着。據說，棒球王王貞治也如此。至於我——丹波哲郎的守護靈也不是「泛泛之輩」。

我的守護靈是約一千兩百五十年前的祖先靈魂，他一直很關心的在守護我這個不成才的遠孫。我的守護靈已經沒有人形，只是一片閃爍的發光體。我的一位朋友是名聞遐邇的靈媒。他一看到了我就說「你的身體周圍有閃閃發光之物，好刺眼，叫我很難以睜開眼睛」。我聽了他的話以後，又驚又喜，早晚都忘不了向守護靈說出感謝的話。

另外一位靈媒的說法也大致相同。他也說我的守護靈確是一千兩百五十年以前的老祖宗之靈，他身上穿着古代中國官吏的衣服。

我的家系始於中國後漢的靈帝，在歸化日本以後，出了坂上田村麻呂（初代征夷大將軍），他的四男定居於丹波，是當時朝廷的太醫。

當時出入於宮中的官吏，身上所穿的衣服跟古代中國官吏的衣服非常相似，難怪靈媒看起來說它很像中國人所穿的衣服。

我的守護靈

或許是聽到這種來頭不小的話吧？我始終覺得守護靈的庇蔭的確不小。因爲我的一生過得實在順利得「離奇」，可說「經常處於鴻運之下」，而且每逢種種棘手之事，都能夠化險爲夷。我現在就略爲敍述一下。

如前所述，我的家系一千多年來都冠着丹波這個姓，而且代代爲朝廷的太醫。根據「本朝諸家大系圖」這本書的記載，丹波氏與小野氏、大江氏鼎足而三，代代都出了赫赫有名的人物，代代的系圖斑斑可考。我的祖父敬三是東大藥學系的第一期學生，後來成爲東大教授，甚至還創立了東京藥學專門學校，也就是今日的東京藥科大學。

換句話說，我的家世相當顯赫，以致人們都叫我「小少爺」，生活也過得愜意而富足，就由於一向過着紈袴子弟似的生活，進入小學之後，對嚴肅的學校生活很難以適應，課業自然乏善可陳。於今回憶起來眞有點想不通，對於我這個不成材的子孫，祖先爲什麼要以守護靈的姿態守護我呢？因爲比我優秀百倍的同輩子孫，大有人在呢！

或許在守護靈的眼裏，我這個胸無大志、處處不拘泥的遠代子孫，比較容易守護吧？在這點，我的確佔了很大的便宜。

想不到在中央大學就學時，我正好趕上學生的從軍熱潮。我竟然是第一梯次的學生報國軍，如果一切順利的話，我將可以進入前橋預備軍官學校的十二或十三期班。可是由於我以前的成績太差了，因此被分發到立川的航空隊，轉到立川航空隊的學生有兩種，一種是成績遙遙的領先，是典型的好學生，另外一種則是一無是處的笨學生，我自然屬於後者。

然而，一個人的命運很難以預料。俗語說「塞翁失馬，焉知非福」。我本來要進入作候補生的前橋預備軍官學校，不久即開到菲律賓接受實際教育，參加搬運彈藥以及挖戰壕，充當起所謂的見習軍官，未料到任職十到二十天，就幾乎全部戰死，而且有很多人因不願當美軍的俘虜而自殺。想不到我却因此而獲救。

落第反而帶來好運

一旦進入了軍隊，什麼都得自己動手，像補補衣服、洗衣褲等非得自己動手不可。甚至最好也能夠孝敬老兵，對他說：「您的衣服就由在下洗滌吧！」然後，勤勉的爲他們做這做那的，不如此的話，就不能受到他們的疼愛。反正你想在軍隊裏生活過得愉快些，必須學會佣人們做的事。

我一向被侍候慣了，連自己身邊的事都做不來，更甭說爲他人服務了。在這種情況下，結果可想而知，在三千名新兵裏，我的成績是倒數第七名！實在羞愧。

就因爲我不會洗衣服，肥皀積了一大堆。在軍隊裏肥皀是配給品，一到了外面，肥皂就變成有錢也難買到的貴重物品。一位准尉知道我有很多肥皂後，對我說：「喂！丹波，你只要把肥皂送給我，我就把你分配到比較輕鬆的單位」如此一來，我就被分發到立川的整備學校。

這一次轉科總共有三百六十名，他們都是不適應軍隊生活的。其中百分之十落第了。我也在內。

在這所整備學校裏，我的工作是給戰鬪機裝置二十毫米口徑的機關砲。必須使機關砲發射出來的槍彈，不能穿過螺旋槳之間才行。偏偏我對機械一竅不通，又笨手笨脚。勉強的把機關砲分解以後，再也無法將它組合起來。

萬萬想不到，沒有落第的人却派到海外，以致九成的人都戰死了。

上級向落第者下令：「你們是一群沒用的廢物，最好不要嶄露頭角」於是把我們分發到傳習隊，在此地，除了吃飯以外，根本無所事事，五個人關在一個房間裏，一天到晚「無事一身輕」，眞令人汗顏。

窩囊廢學生兵的幸運

這以後，我就進入食糧系裏面，飼養雞鴨、猪、並擠牛奶。如此一來，我就可以動用酒及砂糖。當時的砂糖是貴重物品，即使有錢也買不到。只要用襪子裝一些拿到街上，民衆就會對我刮目相看。而且對六千名軍人的食糧我也可以動些手脚，那種「力量」可是萬人羡慕的。

翻譯員的幸運

如此混了些日子，不久以後第二次大戰就結束了。那時我得到的第一份差事竟然是翻譯。責任是爲美軍翻譯日語。

一聽到翻譯，或許你會以爲我的英語很不得了，事實上，我的英語是最糟不過的，根本就說不出口。既然如此，何以要我當美軍的翻譯呢？原來在大學時代，我曾經參加英語會話組。可是只有老天才曉得，我並非想學英語，只不過是想要一個櫃子罷了。

當時的大學，一般科系的學生並沒有個人的櫃子，只有體育系及俱樂部的學生才有個人專用的櫃子，可是我最不喜歡體育，而且也不想參加什麼俱樂部，左思右想終於想到英語會話組。更難得的是加入不必經過考試。於是，我進入了那個小組，負責管理文案，可是沒有參加英語會話的課程。

就因這個英語會話組的經歷，改變了我戰後的那段人生。第二次大戰剛結束時，日本外交部極力的在找英語翻譯員。他們首先考慮到的對象是大學生，尤其是跟英語有相關的科系。我既然擔任過英語會話組的組長，這種經歷更使他們覺得我是最合適的人選，自然就把腦筋動到我身上來了。復員以後我回到中央大學時，他們就立刻找上我。

外交部根本就不知道我的底細，也以爲我的英語刮刮叫呢！自然對我特別的禮遇。所幸我當時也沒有別的工作，於是硬起頭皮，在好奇心驅使之下，認爲試試也無妨。

不會說英語的翻譯員

這種GHQ翻譯員的薪水非常高。我哥哥在東大經濟系畢業以後進入住友金屬服務，一個月的薪水是一百七十元，而他們却給我三百元。

薪水之高叫人滿意，可是我對翻譯員的工作連最起碼的信心也沒有，因爲有名而無實。在GHQ大厦裏，我不是躲在洗手間就是藏身於地下室，一天到晚躲躲藏藏的，眞害怕被美國人拉去當翻譯。

躲在地下室的那一段日子裏，我爲了打發時間，只好跟美兵及夏威夷的日僑打打橋牌。因爲長久跟美國人廝混，倒也記住了幾句英語。

雖然我並沒有刻意的去學英語，但是前後已跟美軍鬼混了兩年，倒是會說了一些。現在我還感到納悶，外交部竟然沒有注意到我，使我成了一條「漏網之魚」。

無論如何，我那麼一點點的英語根本派不上用場，在其間也碰到幾次逃不過的「刼數」，所幸夏威夷土生土長的日裔伍長幫了我不少忙。

那時的GHQ可說得上是天上天下唯我獨尊，所以連帶的擁有很多的權利。有很多想取得許可的人湧到我那兒，並且帶來了很多「孝敬」的東西。如此一搞，不讓他們優先就說不過去了。可是誰去翻譯呢？我仍然全權委給夏威夷土生的日裔伍長，至於「孝敬」的東西嚒！自然是全歸我囉？

GHQ還有其他的特點，當時家世相當不錯的小姐，爲戰後窮困的生活所迫，寧願降低身分打掃大廈。戰前家世顯赫的姑娘也混雜其中，甚至有不少姿色甚佳的年輕姑娘。

我的身分不僅是「翻譯」，還管理一般雜務，等於是她們的頂頭上司。她們爲了討我的歡心，使出了渾身解數，那種美人恩眞叫我難以消受，如今想起來蠻有意思的……。

幸運的殺人嫌疑犯

無所事事的日子過久了，自己也感覺到「年輕人不該如此的荒唐」於是在一股衝動下，辭掉了那份人人羨慕的好差事。接着，我妻子的一位親戚介紹我到油糧砂糖配給公團做事。我只待了兩年，此公團解散以後，八百個職員中，只有我一個人失業，可見我是多麼的不成材。

失業保險只有六個月。在這個懶散的期間內，我曾經以開玩笑的口脗對一個人說：「能不能找到一份懶鬼也受歡迎的工作？」他笑着回答「那麼你就去當演員好了」。

我全然清醒過來，像我這種懶鬼到處都不受歡迎。於是，我把自己介紹給影劇學校。說起來也夠奇異，從小學到大學始終沒人讚揚的我，竟然以最優等的成績畢業，並且進入了文化座。

旋即發生了令人意外的事情。有一家叫什麼「電通電影公司」，正在找尋新東寶新片「殺人嫌疑犯」的男主角。當時文化座的山形動雀屏中選。可是，山形先生有肺病，實在無法勝任。於是，我以推薦者的身分，到負責製作該片的電通電影公司。

才到了目的地，匆匆把事情交代清楚，正想告辭時，製作群冷不防的對我說：

「你能不能找到扮演殺人嫌疑犯的適當演員？面孔就跟你差不多……」。那時，我的體重約有六十公斤，臉孔的輪廓比現在分明得多。

我只好敷衍的說「當然可以找到……」。

說時遲，那時快，全體的製作群團團的包圍了我，問我「那個傢伙到底是誰？」每個人的眼光好似饑餓的老鷹，像是要把我生吞活吃似的，他們忘了我也是一名演員。

「你們冷不防的提出這個問題，我一時也不知如何回答才好。回去以後，我會好好的考慮這個問題」說完，我準備溜之大吉。

「那怎麼成？我們正急得如同熱鍋上的螞蟻呢！你在今天之內一定要回答我們！」「我們乾脆不下班了！就在此等你！」他們個個磨拳擦掌，我一時感到害怕，連連的說「不要着急，不要着急……」然後步下樓梯。可是，仍舊有一位隨我下了樓梯，並且一再的叮嚀「今天就給我們消息吧！我們都在這等你！」

於是我面對着他，放大膽子說「急什麼嘛！他就是我呀！」

就在這一瞬間，我完全改變了自己的命運。製作群瘋狂似的把我推入原來的辦公室，來勢洶洶，圍起了一個叫我透不過氣的「乾坤圈」，有如縣大爺逼口供似的問我：「你的火候到了什麼程度？」。

天曉得，我仍然是一個名不見經傳的研究生罷了，可是那時不知那來的勇氣，竟然挺起了胸脯回答「我是座員」。如此一來，我就成了「殺人嫌疑犯」的男主角。而且這一部電影還挺賣座，到處轟動呢！

我不敢說這是運氣好。而是守護靈給我帶來的。

守護靈强大的力量

不久以後，我偶然參加一部電影「望鄉之歌」的演出。在這部片子裏，「望鄉之歌」預先由上野音樂學校的男中音錄好，我只張開嘴巴，作作樣子就行了。想不到新東寶製片公司的服部社長看了這一部電影以後，表示很欣賞我的「才華」。因爲他說：「啊！他不就是『殺人嫌疑犯』的男主角嗎？不得了！他還挺會唱歌呢！就把他羅致到新東寶旗下吧！」

就這樣，我很順利的進入新東寶。以新東寶爲踏脚石，從此展開我的演員生涯。雖然我一生並沒有怎麼努力，但也有了相當的知名度，這都是守護靈之賜。

跟守護靈溝通

通常守護靈是那個人的曾祖父或者曾祖母，乃至更早的祖先。女人的守護靈是女魂，男人的守護靈當然是男魂。例如：我手邊的一封信，就是跟守護靈溝通的證據。

「我的父親很早就去世，生前頗懂得清修，積下不少善因。我家虔誠的拜神，屬於淨土宗。

三十多年前的一個夜晚，我父親的枕頭前站着一名武士的靈魂，娓娓的道出了他家的大概。他叮嚀父親自己去確定一下。

翌日，依照武士的靈魂所指示的，我父親搭火車到山陰線的某站下車，找尋的結果，眞的在淨土宗寺廟的側面草叢中找到了何何淡路守的石碑，兩旁列着其家族的墳墓。父親掃墓祭拜之後，詢問寺廟住持那家的瑣事，拜託住持供養之後才回家。以後逢年過節、農曆七月一定前往祭拜，並且殷勤的供養。」

這一件事，是守護靈親自去找要守護的人，跟他溝通的例子。所以最好跟這種守護靈保持密切的連繫。

切勿被守護靈所遺棄

所謂的「鴻運當頭」、「時運不濟」，無一不受到守護靈的左右。守護靈跟人生是息息相關，密不可分的。可是守護靈有時難免也會遺棄我們。

例如一向守護着A先生的守護靈，一直在觀察A先生的舉止，如果他不滿意，就認爲「由我來守護這個傢伙，實在是大材小用了。一個力量薄弱的守護靈就夠應付了。」於是他把守護的職責交給力量比他小的守護靈，這麼一來，A先生的運氣就逐漸的走下坡。

反過來說，如果守護靈認爲「我來守護某某實在是心有餘而力不足。爲他着想，最好由有力的高級靈守護」一旦把守護的職責交給了有力的守護靈以後，這個人的運氣就逐漸的轉好。

當我們活在人世時，守護靈會不求回報的守護我們。他並不在意本人是否知道這件事。如果本人知道這件事，早晚對守護靈表示感謝，而時常跟他打招呼，說一聲「謝謝您」、「請您休息」之類的話，守護靈會更盡職的守護你。

除了早晚跟他打招呼以外，當你有了一些不如意之事，不妨也跟他說說。換句話說，你最好使守護靈疼你。

守護靈似乎比較喜歡不拘小節、性格開朗的人。如今想起來，我在小學時代雖然頑皮得叫人頭痛，可是，每一位老師都異口同聲的對我父母說：「這個孩子粗枝大葉，不拘小節」而且我的性格一向很開朗。

如今想起來，或許是我那種開朗的性格，使得守護靈特別對我照顧吧？

可是，從我所扮演的角色，實在叫人難以想像出我的性格。事實上我開朗得有點兒離譜，以致那些女演員都對我說：「瞧你一天到晚笑嘻嘻的，小心臉上長出皺紋。」

大體上說來，開朗的人總是有開朗的朋友。所以連那些朋友的守護靈也集攏過來，結果是身邊有很多開朗的守護靈陪伴着你生活哩。

即使人死以後，守護靈還是會照料他。在我們活著時，它一直守護着我們寸步不離。它跟我們的關係非常密切，若沒有守護靈，簡直會叫我們寸步難行，一籌莫展呢！

到了另外一個世界，如果沒有守護靈，不但令人忐忑不安，甚至將有行不得之苦。一個人之所以會墮入地獄，是守護靈拋棄他的必然結果。在人世時，一直懷著憎恨，嫉妬以及邪惡的念頭，處處爲非做歹，守護靈在憤怒之餘會毅然的離開他。

跟守護靈最理想的溝通方法，就是一般所謂的瞑想。瞑想一來使自己保持冷靜，二來使宇宙之氣，靈界的守護靈跟自己接觸。

我在前面已經敍述過，人類的意識佔10%，潛意識佔90%，而超能力者的潛意識却佔了95%～98%。

以人爲的方法達到這種狀態即是瞑想。利用瞑想，可以製造跟超能力者相同的情形，這麼一來跟靈界及守護靈溝通起來就容易多了。

爲了要知道那個世界的情景，我要介紹新東洋醫學研究所——山下九三郎先生所推荐的「活着看幽界的方法」。

我在「死亡那一瞬間」裏，已經說明了什麼是幽界。想進入幽界非經過相當的訓練不可，現在我就把要點列舉出來。

①兩脚打開成肩膀的寬度，脚尖稍朝內站立。放鬆肩部，眼睛半開，呼吸順乎自然。這是基本姿勢。

②思想集中於肘部，在肚臍前面，做出抱球姿勢。一面抱着球，一面想像成地球，或者是大宇宙。

③一面抱着球，一面把思想集中在尾骶骨。這時，不妨想像有某種東西從下面拉住你。膝蓋輕彎，從側面看這種姿勢，彷彿是淺淺的坐在椅子上面似的。再想像腰部放一個大球（地球），另外再抱一個小球（地球）。繼續維持這種姿勢三分到五分鐘。

④伸直膝蓋，恢復成原來的姿勢。頭部稍微向後傾，緩慢的睜開眼睛，看遠方的空間（把它當成宇宙）三十秒鐘。接着眼睛半閉，頭部擺回原來的位置。

⑤到此，口裏滿是唾液，有如吞服宇宙之氣一般，把唾液分三次嚥下去。唾液將回到臍部的丹田。就以這種方式，把宇宙之氣吸入肚臍下面。

此種方法叫做「抱着地球，吞服宇宙之氣的入靜法」只要早晚重複做下去，就可以窺見天界。

我認為不管是瞑想，或者是山下先生的方法，都可以當成跟那個世界連絡的手段，所以把它介紹出來。

勿拘泥於這個世界

希望死後由守護靈引昇靈界，避免變成惡靈或低級靈，有什麼辦法嗎？我現在就來敍述這個問題。

所謂的惡靈以及低級靈，就是一般人所謂的地縛靈及浮遊靈。

所謂地縛靈，是不知有死後世界的人死亡以後，並未察覺到自己業已死亡，而一直在死亡場所徘徊不去的靈魂。譬如：時常發生車禍的拐彎處，或者時常遭溺斃的水邊，往往都有這一類的地縛靈。

至於所謂的浮遊靈，是對這個世界依依不捨、執着不放，以致在人世與靈界之間蕩來蕩去。這種靈魂分明已經死亡，卻毫不知情，一直以爲自己還活着。

爲什麼有這種靈魂存在呢？原因是他們不知「生命是永恒的」。一個人生前就有「死了就一切歸之於無」的思想，一旦死亡後看到自己跟在世時完全一樣的幽靈，自然不覺得自己業已死亡。

被汽車撞死，由於很快的越過生死之線，看到了業已變成幽魂的自己，總會認爲「我根本就沒有死啊！」

同時那些在生前認爲「死後一切都歸之於無」的人，由於死後仍然跟生前一般，能夠看到種種東西的緣故，必定會產生「我根本就沒有死」的錯覺。

不久以後屍體會被處理掉。到了這個地步，他越是不肯相信自己業已死亡，以致徘徊在現場變成地縛靈。

當然啦，自殺的人也有這種例子。爲了解除人世的痛苦打開瓦斯自殺的人，感覺到自己的眼睛還能看到東西，以致產生了「咦？我根本就沒有死」的錯覺。

因有人自殺而變成「鬼屋」的房子，就是不能到靈界的浮遊靈在作祟。

變成這種動彈不得，被這個世界拘束的幽魂最不幸，既無法回到人世——因爲沒有「死的自覺」——又不能到靈界，結果是兩頭落空，最悲哀者莫過於此。

如果能站在「死亡以後，靈魂仍然會繼續活下去」的立場，至少不會發生這種不幸。「死後的世界還有其他的生存世界，不必執着於這個世界」這就是心得。

不必在意墳墓

人類對這個世界最耿耿於懷的，墳墓是其中之一。只要爲先人築好墳墓就安心了，這是人類的共同心理。其實這並沒有很大的意義。

有人繪聲繪影的說，只要生前建造壽墳，用紅漆抹墓碑就能夠「壽比南山，福如東海」我認爲沒有這回事。

爲什麼人類對墳墓耿耿於懷呢？這個道理就跟對自己的住宅耿耿於懷一般，長久以來已盤據人心。因爲墳墓是「死後之家」，因爲有這種想法，種種的痛苦就產生了。

有些人家，由於祖墳不夠大，擺不下代代的遺骨，爲了遺骨的安置而傷透腦筋。「同一個墓裏面，能安置多少人的遺骨呢？」煩惱就在這裏。

其實死者留下來的遺骨、骨灰等根本就沒有什麼意義。如果可能，骨灰最好別帶回來。就是因爲有了骨灰才需要骨壺，有了骨壺就得造墓容納它。

燒成的灰最好當場倒棄。事實上，火葬後並沒有把骨灰全部取回，只象徵性的取回一些，其餘都被扔掉了。

可是人類畢竟是感情的動物，當然要保留一些死者的遺物，作爲他曾經活在這個世界的證物。這件事也無可厚非，可是，我個人却認爲不必多此一擧。

如果每一個人的想法都跟我一樣，不把骨灰帶回來，那麼，連帶的，墳墓也不必建造了。

靈界並沒有人世的規則及所有權，所以並沒有這樣的條律—田中家的墓只埋葬田中一族的骨骸，齊藤家的祖墓只能容納齊藤一族遺骨。

很多人都說：「想起死後，還得跟那些人住在一起，心裏就發毛」因爲祖墓裏

已經有了婆婆、公公、以及伯父母等遺骨，一旦進去勢必要看他們的「臉色」，想起來當然就怕怕，於是沒有人願意進去。

其實，不必費神去想這件事，因爲那是多餘的。

一個人死了以後，靈魂並非到九泉之下，而是不斷的朝着上面昇去。

以前的人時常這樣說：「最好少去動墳墓！」原先貧無立錐之地的人，突然變成了暴發戶，地位及金錢都有了。由於祖先的墳很寒酸，於是千方百計的把它移到風水好的地方，重新造墓營葬，把墳墓弄大一點，豐盛的供養祖先，使他們有體面。一旦移動墳墓，種種的災害卻降臨到子孫頭上。

其實這並非墳墓裏的祖先在作祟，而是擅自佔據墳墓的其他幽魂不喜歡墳墓移動，才作祟讓墓主倒霉的。

世上那有祖先會對孝子賢孫作祟呢？

我們是凡人，並不知祖墓由別的幽魂佔據。而且會侵佔他人墳墓者絕非善靈。好心的善靈、有力的靈、懂得修行的靈，都會不斷的往上昇去。只有一些不爭氣的惡靈，才厚着臉進入別人的墳墓，接受墓主的供養。

死後的地位用金錢買不到

關於墳墓的爭執問題，我看得太多了。由於遺產繼承的問題，名分的問題，甚至爲了一些雞毛蒜皮的小事，到了死後的七七四十九日，墳墓還沒有着落者大有人在。

「不希望死者進入這一家的祖墓」或者「不希望死者進入旁系的祖墳」等等問題，讓活人爲死者爭得面紅耳赤也不少。

通常在死後四十九天內，死者還停留在死亡之處。如果有神壇，他就居在神壇裏面，如果沒有這一類的地方，他就在死亡的房間四角落浮遊。

死者在身亡後，四十九天內還停留在家裏，以後不管有沒有墳墓，他都會上升到地球上空約四、五百公里的精靈界。所以，墳墓對他來說，有與無都沒關係。

可是人畢竟是感情的動物，爲了追思亡者，以及表示家族的團結，逢到亡者的忌日，一家人會到死者墓前上香、祭拜，這可是一種良好的風俗。

跟墓塚一樣，死者的戒名也叫人耿耿於懷。著名實業家的墳墓上都刻有「某某院殿某某大居士」，看起來相當不錯。看了這種情形，不免叫人連想到好的戒名就等於死後的地位。

「我死後，家族能不能爲我買一個好的戒名？」有人爲自己的身後擔心。其實，所謂的戒名與位牌，只不過是死者曾經在這個世界生存的證據罷了。活人把它當成紀念之物，對死者卻沒有任何意義。位牌及戒名都不會帶給死者任何的影響。

也就是說，一旦到了那個世界，那一塊牌子及名譽通通都沒有用處了。

肉體與死後世界無關

有些人由於身體不健全，所以，對於死後甚爲擔心，連帶的根本就不敢貢獻自己的遺體。

貢獻遺體是很有意義的一件事。醫學院可利用它做解剖教學。也有人事先立下遺囑說：「我死後願意捐出眼睛，請有効的使用它們」。

遇到這種情形，令人擔心的是：靈魂將如何呢？如果遺體在一年裏沒有回來，在這段空白的期間內，靈魂是否感到無依呢？時常有人如此的問我。

其實死骸跟舊衣服差不多，只要有人喜歡，爲什麼不多加利用呢？與其把它燒成灰，不如把這套「舊衣服」應用在研究方面，對社會是很有幫助，何樂而不爲呢？

到了那個世界以後，將受到讚揚，絕對沒有人會因此跟你過不去。所謂死骸，乃是你所脫下的一層殼，一點也沒有用，根本不必去關懷它，要怎麼利用就怎麼利用，作醫學的研究，那是最好不過了。

靈魂會感到無依的說法是沒有根據的。一個人的肉體死亡以後，靈體就會自形骸鑽出來。此時的靈體才是眞正的你，這表示你跟自己的屍骸已經沒有關係了。就算屍骸不在一年內回來，也跟你完全無關。

以前，有一位青年人問我：「我的身體非常虛弱，自己很清楚那是萬病之源。因爲我有腎臟病、十二指腸病、胃病及肝病。總之，一生被各種疾病所糾纏。到了靈界以後能夠健全的生活嗎?」

到了靈界，就算是虛弱、病弱的人，也都能變得健康。

只要到了靈界，就不難變得很健康——這正是靈界最最不可思議之處，也是它的一大特徵。

只要仔細的想一想，這也沒有什麼好奇怪的，一旦你要啓程到靈界時就非捨棄肉體不可。

被捨棄的肉體，不管會有什麼缺陷，也只是一件跟你業已不相干的舊衣服罷了。是故，虛弱、病弱的身體到了那個世界將持續下去的說法，實在令人可笑的。不管身體如何的糟，到了那個世界，就會變成五體健全。因此，貢獻遺體，不會使靈魂受損。

愛能克服一切

「我的家系一直令人不敢恭維。因爲有不少族人傷害他人，把快樂建築在別人的痛苦上，以威脅別人來達到自己的目的。做了傷天害理的事也不以爲恥。他們的惡行會使親族受到惡報，蒙受到魚池之殃嗎？我很擔心自己會受到惡報。」有人憂心忡忡的對我這麼說。

親族幹下了傷天害理的事，當然不會有好下場。心中存有邪念的人，很容易招來地獄界的惡靈、凶靈。而惡靈集結之處，邪惡的能源將刮起旋風，不管他的親人族人如何的奮鬪，也免不了被捲進去。

有這種邪惡的族人，最好對他曉以大義：「邪念在人世雖然不會觸及法律，可是到了那個世界以後必定會受到報應」。

可是話又說回來，爲非作歹時連眉頭也不皺一下的人，單對他說這些話，很難叫他洗心革面。如果眞是如此，那也只有採取別的方法。

那就是身爲族人的你，必須有愛心。換句話說，你希望別人好好待你，你就要主動，積極的先對別人好。俗語說「己所不欲，勿施於人」自己憎惡的東西絕對不施給別人。不管有沒有人看到都要貫徹到底。

例如：乘車時常常會碰到這種現象。「反正沒有人看到嚜！」如此自忖着，悄悄的丟下果皮或紙袋而溜之大吉。當你萌生這種念頭時，應該及時的懸崖勒馬，把那些果皮拿到垃圾箱。乍聽起來，好像有一種小題大作的感覺，事實上，細小的善行累積下來也會變成一座山呢！而且又能夠培養一個人的愛心。

換句話說，與其做大好人，不如不停的付出小小的愛心，如此便能消除邪惡的族人可能給你帶來的災害。

宗教與那個世界

有不少人問過我，篤信宗教與不信宗教的人，到了那個世界以後待遇是否迴異？我的回答是：「沒有這回事」。

到了那個世界想佔一個好位置，就得先看看你是否有愛心？以此決定你的前途，才不管你是否信教。

一心盤算自己的利益，不管別人死活的惡徒，到了那個世界以後只有一條路可走，更明白的說，他只能墮入地獄受苦。

只要時時銘記「己所欲者，不吝施於人；己所不欲者，勿施於人」這一句話，並且付諸實踐，內心充滿了愛，關懷別人，待將來壽終正寢之後，即能夠到靈界佔得一席之地。

可是話又說回來，有人會問：信宗教與否，到了那個世界後待遇是否相同？當然另有理由。

大體上說來，凡是信仰宗教的人，一年到頭都灌輸了愛的思想。例如：處處爲別人着想，待人要慈悲，做人要懂得忠恕之道；對父母要孝順；對長輩要恭敬等等。耳濡目染的結果，心地好的人比較多，這是不必爭論的事實。

而且內心一直否定神佛的人，由於內心無所顧忌，胡作非爲的確比較多。

有宗教信仰的人，心中有神佛的人，到了那個世界，總是比較好些。

正因爲如此，不管你是佛教徒、基督徒、或是新興宗教的信徒，都被一視同仁，沒有所謂的等級、高下，更沒有說某種教比某種教境界高。

譬如說有一個人篤信神佛，就因爲信神，在日常生活中必須對自己的良心負責，絕對不能存有「因爲有人看才做善事，沒有人看就做壞事」，也就是說，不能僞善。對於信神的人來說，這種的生活態度實在不簡單。

不過如果能夠做到這種地步，到了那個世界，一定能夠佔到好位置。

在靈界必須報告什麼？

想想看，人爲什麼要投胎到這個世界呢？關於這個問題，從小孩到成人，想必都有一個共同的答案，那就是「要幸福的過一生」。那麼，幸福又是什麼呢？

那是「能夠充分的滿足欲望」。欲望達成時，人類的確能滿足。

「這種事，還要你來囉嗦一大堆嗎？」也許有人會這麼說。

在說這一句話以前，請你仔細的想一想。只達到欲望，人類就能夠眞正的感到滿足嗎？

答案是否定的。人類之所以不同於其他動物，原因在此。

神只對人類有所「限制」。這種「限制」也就是：只有善行方面的滿足，才能使人有完全的充實感。

至於惡行的欲望，雖然得到滿足，卻無法領會完全的充實感，這也是神對人類套上的桎梏。

人一旦死亡以後就會遇到發光體，這時，發光體會問：「你要來報告什麼呢？」所謂的「報告」是指什麼呢？「我一世就賺了一筆龐大的財產」，「我當了經濟部長」，「我獲得了博士學位」報告並不是指這些。

所謂的報告，是你為了他人做些什麼事情。例如「為了救一個溺水的孩子，我不顧危險跳下水」，「我救活了企圖用瓦斯自殺的鄰居」諸如這般救活人命的善舉，以及「我扶了跛脚的老人過馬路」，「每天早晨我都打掃附近的環境」等的善舉，在在都不是為滿足自己的欲望，而是純粹為他人設想，這才是靈界所要的報告。

這些善舉，也正是靈界所有倫理的基礎。

對「他人的愛」，「不求回報的愛」才是渡過三途之河的六文錢，儼然地存在於靈界之法，亦是決定地位的尺度。

死乃是啓程到未來

人世是修業之場。幾乎所有的人都是爲了彌補缺陷，才投胎到人世受折磨。一開始就指定「你的使命是這樣的……」而到人世投胎者可謂少之又少，像釋迦、耶穌就是其中之一。一般人投胎到人世，是爲了彌補自己之短，正因爲如此，一切無法很圓滿。

趁着還活在人世時，不斷的自我反省及批判，時時警剔自己「我所以顯得不圓滿，乃是有這些缺點的緣故，我一定要找機會矯正」只要鞭策自己，到了那個世界以後也會受到相當的禮遇。因爲你已經達到了投胎到人世的目的。

如果你已經確實的實踐，到了那個世界將被當成要員看待。

介紹凱西所著的「轉生之秘密」的吉納・沙米那說道：「如果要公平而嚴格地處罰造惡業者，那麼對於建設性的努力，也應該以同樣嚴格的方式給他酬報。只要能夠認識這個重要的事實，他就會領悟到事實上沒有所謂絕望。因爲在每一瞬間，他都在認眞的創造自己的未來，並且打好未來的基礎。

他的未來是否美好，那就要看在那瞬間，他是否有積極而建設性的努力，或者因表面的挫折而屈服，以致變得消極。如果屬於後者，那就沒有什麼指望了。

這種概念必然帶來兩、三個重要的結果。第一，將由此產生一種思想，認爲不必被老年的頹廢、無力、以及無用的感情特色化。一般人所想的老年，只是一種迷信罷了」（「轉生的秘密」）。

凱西認爲不管任何努力，只要是有來世的存在，就絕對不至於白費。那些所謂的「才能開發」、「善行」等，都會列入我們的存款簿裏，成爲未來的資金。

只要活在人世時，對他人有愛心，不斷的自我反省，死亡絕非想像中那麼可怕。

你甚至可以在靈界快樂消遙。

越是清楚靈界的眞相，越能確信今世跟靈界有深刻的關係，死後「並非一切歸之於無」，而是開始另一個未來。

後　記

爲什麼有前世的記憶？

想到靈界的存在時，有一件事不得不提起，那就是有關前世的記憶。

爲什麼我們多數人沒有前世的記憶呢？何以有些人却有呢？

依照某種說法，剛生下來的嬰兒很多仍擁有前世的記憶，可是所有的嬰兒在即將出生時，不斷的聽到「你是重新創造的」，以致逐漸的把前世的記憶丟掉了。

有前世記憶的人，雖然接受過暗示，却沒有被洗腦。關於前世的記憶，我本身聽到的例子可眞不少，不管耳聞多少，未確認之前，沒有什麼意義。

例如：有人對你說「閣下是兩百年前大阪船隻批發商的公子，擁有三十條船」，你必須去尋找那個船隻批發商，或者找出確實有這個人物的記錄，再確認他家族的名字，甚至三十隻船的名字，否則的話，證據不足。

可是要確認也得有充分的時間和人手，費用當然也不能少。確認前世記憶的困難就在這裏。雖然調查工作極爲困難，還是有人着手研究。

最有名的是維吉尼亞大學心理學博士史蒂文遜。他們在印度的研究成果，做了一份很珍貴的記錄「記憶前世的二十個孩子」。

以下我要介紹其中令人驚異的記錄。

這是一個名叫卡拉蒂莉卡的少女的例子。

她於一九五六年生於錫蘭中部的偏僻鄉村——赫多納易。此地大多是低窪的叢林。她在一歲時就道出了有關前世的事情，可是到了兩歲多才很明顯的說出來。「在別的地方，有我的父母。我有兩個哥哥，很多姊姊」她如此的說：「我爸爸是一名郵差。我母親時常去購買柴火。街頭並沒有棕櫚樹」。

她又說出一名住在塔拉瓦凱勒的少年。這個少年在一九五四年十三歲時去世。就跟她所說的一樣，少年的父親是一名郵差。「母親時常購買柴火」她這麼說。一點也不假，塔拉瓦凱勒跟赫多納易不同，柴薪都得用錢買。

沒有棕櫚樹這一句話，乃是最重要的證據。在赫多納易這種低窪的叢林地帶，棕櫚是最常見的樹木，孩子絕不可能知道別的地方沒有棕櫚樹。

叫人難以理解的記憶

到底赫多納易跟塔拉瓦凱勒的地理關係如何呢？

赫多納易跟塔拉瓦凱勒都位在錫蘭中部，可是相距十六英里，塔拉瓦凱勒在高原地帶，赫多納易則位在山岳之間的低窪地帶。

兩地之間雖然只有十六英里，可是並非單純的地理距離。赫多納易是小村落，縱然偶爾有人到塔拉瓦凱勒，可是沒有人從塔拉瓦凱勒到赫多納易。

卡拉蒂莉卡的家單獨在叢林裏。要從赫多納易村走到她家，必須跋涉半英里的路程。

卡拉蒂莉卡一家人離群索居，除非有特別要緊的事情，赫多納易的人才不會到她家呢！

記憶前世的少女

某種人能夠很正確的記憶自己的前世，而且被證明無誤。印度的少女辛蒂德比就是一個例子。

「她才只有四歲時，就不止一次的說，她的前世在印度的姆多拉鎮度過。她的丈夫名叫蕭比。在她十一歲之前，為了她在無意間說出的話——包括她生第二胎之後，於十二年前死亡，也就是說，她在投胎的前一年死亡——使律師、出版商、教師等極感興趣。這些人獲知辛蒂的丈夫還在人世時，終於展開了查證的工作。

辛蒂甚至說出了她前世所住的地方，而且完全正確。在這一世裏，她從來就不曾到過蕭比的家，可是她能夠把他家裏的情形說得一清二楚，如非十二年前曾經住在該地的話，絕對不可能正確無訛的說出來。

接着，她又面對前世的丈夫蕭比，歷歷如繪的說出了她倆的婚姻生活，由於她的描述頻頻涉及夫妻間的私事，使得蕭比熱淚盈眶的說「這好像是死去十二年的妻

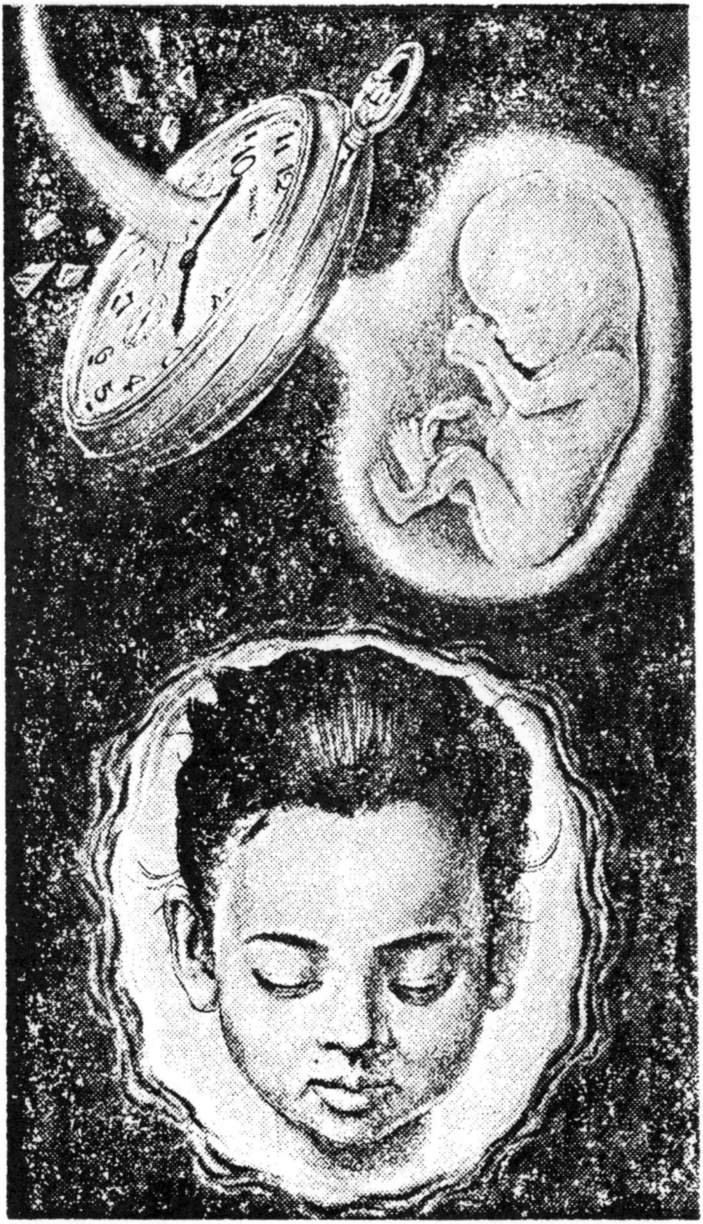

子，又站在我身旁話家常似的……」。

接着辛蒂說，她在蕭比家的地下室埋了一些的金錢。她進入地下室之後，手指埋金錢的地方，有人立刻去挖掘，果然挖出了一口箱子，當她看到裏面空無一物時失望透了，堅持自己的確埋了金錢。關於這一點，蕭比承認在妻子死後，取出箱子裏的金錢。

幼兒叫人恐懼的超能力，不僅能道出前世之事，也有預知的能力。

關於這件事，電視曾經報導過，知道的人一定不少。一個剛進入小學的兒童預知自己的死，畫了六張圖畫留下來。

這個兒童溺死在水裏，死後他畫的六張圖畫才被發現。

這六張畫是：一張畫着他跟父親、哥哥站在海岸；再來是跟哥哥牽手，拿着救生圈到海邊；第三張是把救生圈拋入半空中，舉起兩手半沈於海的圖；第四張是在沙灘被人實施人工呼吸之圖，第五張畫的是救護車在街道奔馳了，最後那一張是：救護車停在醫院門前。

電視畫面也映出了實際的醫院。雖然是筆法很幼稚的畫，却很正確的畫出了醫院大門的特徵。

幼稚園的教師說，對於幼兒所畫的圖，都要注意觀察，以便窺出幼兒的危險。不管是再度投胎、預知死亡，如果不以「特寫」的方式研究靈魂學的話，根本解不開這一道謎。

最近出現了「靈魂學」這個特別的部門，各國已經開始傾力研究。不管是前世的記憶也罷，預知能力也罷，這些不只是超能力，同時也證明了靈界的存在。

人世與靈界，今世與來生，現在的人世跟靈界，有密不可分的關係，死亡不過是把我們從人世移到靈界罷了。

當我們洞悉了這一切之後，人生將超越死亡的恐懼，而變成充滿了愛的人生。

大展出版社有限公司	圖書目錄

地址：台北市北投區11204
致遠一路二段12巷1號
郵撥： 0166955～1
電話：(02) 8236031
8236033
傳眞：(02) 8272069

•法律專欄連載•電腦編號58

台大法學院 法律學系／策劃
法律服務社／編著

①別讓您的權利睡著了[1]	180元
②別讓您的權利睡著了[2]	180元

•婦 幼 天 地•電腦編號16

①八萬人減肥成果	黃靜香譯	150元
②三分鐘減肥體操	楊鴻儒譯	130元
③窈窕淑女美髮秘訣	柯素娥譯	130元
④使妳更迷人	成　玉譯	130元
⑤女性的更年期	官舒妍編譯	130元
⑥胎內育兒法	李玉瓊編譯	120元
⑦愛與學習	蕭京凌編譯	120元
⑧初次懷孕與生產	婦幼天地編譯組	180元
⑨初次育兒12個月	婦幼天地編譯組	180元
⑩斷乳食與幼兒食	婦幼天地編譯組	180元
⑪培養幼兒能力與性向	婦幼天地編譯組	180元
⑫培養幼兒創造力的玩具與遊戲	婦幼天地編譯組	180元
⑬幼兒的症狀與疾病	婦幼天地編譯組	180元
⑭腿部苗條健美法	婦幼天地編譯組	150元
⑮女性腰痛別忽視	婦幼天地編譯組	130元
⑯舒展身心體操術	李玉瓊編譯	130元
⑰三分鐘臉部體操	趙薇妮著	120元
⑱生動的笑容表情術	趙薇妮著	120元
⑲心曠神怡減肥法	川津祐介著	130元
⑳內衣使妳更美麗	陳玄茹譯	130元

•青 春 天 地•電腦編號17

①A血型與星座	柯素娥編譯	120元

②B血型與星座	柯素娥編譯	120元
③O血型與星座	柯素娥編譯	120元
④AB血型與星座	柯素娥編譯	120元
⑤青春期性教室	呂貴嵐編譯	130元
⑥事半功倍讀書法	王毅希編譯	130元
⑦難解數學破題	宋釗宜編譯	130元
⑧速算解題技巧	宋釗宜編譯	130元
⑨小論文寫作秘訣	林顯茂編譯	120元
⑩視力恢復！超速讀術	江錦雲譯	130元
⑪中學生野外遊戲	熊谷康編著	120元
⑫恐怖極短篇	柯素娥編譯	130元
⑬恐怖夜話	小毛驢編譯	130元
⑭恐怖幽默短篇	小毛驢編譯	120元
⑮黑色幽默短篇	小毛驢編譯	120元
⑯靈異怪談	小毛驢編譯	130元
⑰錯覺遊戲	小毛驢編譯	130元
⑱整人遊戲	小毛驢編譯	120元
⑲有趣的超常識	柯素娥編譯	130元
⑳哦！原來如此	林慶旺編譯	130元
㉑趣味競賽100種	劉名揚編譯	120元
㉒數學謎題入門	宋釗宜編譯	150元
㉓數學謎題解析	宋釗宜編譯	150元
㉔透視男女心理	林慶旺編譯	120元
㉕少女情懷的自白	李桂蘭編譯	120元
㉖由兄弟姊妹看命運	李玉瓊編譯	130元
㉗趣味的科學魔術	林慶旺編譯	150元
㉘趣味的心理實驗室	李燕玲編譯	150元
㉙愛與性心理測驗	小毛驢編譯	130元
㉚刑案推理解謎	小毛驢編譯	130元
㉛偵探常識推理	小毛驢編繹	130元

•健康天地•電腦編號18

①壓力的預防與治療	柯素娥編譯	130元
②超科學氣的魔力	柯素娥編譯	130元
③尿療法治病的神奇	中尾良一著	130元
④鐵證如山的尿療法奇蹟	廖玉山譯	120元
⑤一日斷食健康法	葉慈容編譯	120元
⑥胃部強健法	陳炳崑譯	120元
⑦癌症早期檢查法	廖松濤譯	130元

⑧老人痴呆症防止法	柯素娥編譯	130元
⑨松葉汁健康飲料	陳麗芬編譯	130元

• 超現實心理講座 • 電腦編號22

①超意識覺醒法	詹蔚芬編譯	130元
②護摩秘法與人生	劉名揚編譯	130元
③秘法！超級仙術入門	陸　明譯	150元

• 心 靈 雅 集 • 電腦編號00

①禪言佛語看人生	松濤弘道著	150元
②禪密教的奧秘	葉逯謙譯	120元
③觀音大法力	田口日勝著	120元
④觀音法力的大功德	田口日勝著	120元
⑤達摩禪106智慧	劉華亭編譯	150元
⑥有趣的佛教研究	葉逯謙編譯	120元
⑦夢的開運法	蕭京凌譯	130元
⑧禪學智慧	柯素娥編譯	130元
⑨女性佛教入門	許俐萍譯	110元
⑩佛像小百科	心靈雅集編譯組	130元
⑪佛教小百科趣談	心靈雅集編譯組	120元
⑫佛教小百科漫談	心靈雅集編譯組	150元
⑬佛教知識小百科	心靈雅集編譯組	150元
⑭佛學名言智慧	松濤弘道著	180元
⑮釋迦名言智慧	松濤弘道著	180元
⑯活人禪	平田精耕著	120元
⑰坐禪入門	柯素娥編譯	120元
⑱現代禪悟	柯素娥編譯	130元
⑲道元禪師語錄	心靈雅集編譯組	130元
⑳佛學經典指南	心靈雅集編譯組	130元
㉑何謂「生」　阿含經	心靈雅集編譯組	130元
㉒一切皆空　般若心經	心靈雅集編譯組	130元
㉓超越迷惘　法句經	心靈雅集編譯組	130元
㉔開拓宇宙觀　華嚴經	心靈雅集編譯組	130元
㉕真實之道　法華經	心靈雅集編譯組	130元
㉖自由自在　涅槃經	心靈雅集編譯組	130元
㉗沈默的教示　維摩經	心靈雅集編譯組	130元
㉘開通心眼　佛語佛戒	心靈雅集編譯組	130元
㉙揭秘寶庫　密教經典	心靈雅集編譯組	130元
㉚坐禪與養生	廖松濤譯	110元

㉛釋尊十戒	柯素娥編譯	120元
㉜佛法與神通	劉欣如編著	120元
㉝悟（正法眼藏的世界）	柯素娥編譯	120元
㉞只管打坐	劉欣如編譯	120元
㉟喬答摩・佛陀傳	劉欣如編著	120元
㊱唐玄奘留學記	劉欣如編譯	120元
㊲佛教的人生觀	劉欣如編譯	110元
㊳無門關（上卷）	心靈雅集編譯組	150元
㊴無門關（下卷）	心靈雅集編譯組	150元
㊵業的思想	劉欣如編著	130元
㊶		

•經 營 管 理• 電腦編號01

◎創新經營六十六大計（精）	蔡弘文編	780元
①如何獲取生意情報	蘇燕謀譯	110元
②經濟常識問答	蘇燕謀譯	130元
③股票致富68秘訣	簡文祥譯	100元
④台灣商戰風雲錄	陳中雄著	120元
⑤推銷大王秘錄	原一平著	100元
⑥新創意・賺大錢	王家成譯	90元
⑦工廠管理新手法	琪　輝著	120元
⑧奇蹟推銷術	蘇燕謀譯	100元
⑨經營參謀	柯順隆譯	120元
⑩美國實業24小時	柯順隆譯	80元
⑪撼動人心的推銷法	原一平著	120元
⑫高竿經營法	蔡弘文編	120元
⑬如何掌握顧客	柯順隆譯	150元
⑭一等一賺錢策略	蔡弘文編	120元
⑮世界經濟戰爭	約翰・渥洛諾夫著	120元
⑯成功經營妙方	鐘文訓著	120元
⑰一流的管理	蔡弘文編	150元
⑱外國人看中韓經濟	劉華亭譯	150元
⑲企業不良幹部群相	琪輝編著	120元
⑳突破商場人際學	林振輝編著	90元
㉑無中生有術	琪輝編著	140元
㉒如何使女人打開錢包	林振輝編著	100元
㉓操縱上司術	邑井操著	90元
㉔小公司經營策略	王嘉誠著	100元
㉕成功的會議技巧	鐘文訓編譯	100元
㉖新時代老闆學	黃柏松編著	100元

㉗如何創造商場智囊團	林振輝編譯	150元
㉘十分鐘推銷術	林振輝編譯	120元
㉙五分鐘育才	黃柏松編譯	100元
㉚成功商場戰術	陸明編譯	100元
㉛商場談話技巧	劉華亭編譯	120元
㉜企業帝王學	鐘文訓譯	90元
㉝自我經濟學	廖松濤編譯	100元
㉞一流的經營	陶田生編著	120元
㉟女性職員管理術	王昭國編譯	120元
㊱ＩＢＭ的人事管理	鐘文訓編譯	150元
㊲現代電腦常識	王昭國編譯	150元
㊳電腦管理的危機	鐘文訓編譯	120元
㊴如何發揮廣告效果	王昭國編譯	150元
㊵最新管理技巧	王昭國編譯	150元
㊶一流推銷術	廖松濤編譯	120元
㊷包裝與促銷技巧	王昭國編譯	130元
㊸企業王國指揮塔	松下幸之助著	120元
㊹企業精銳兵團	松下幸之助著	120元
㊺企業人事管理	松下幸之助著	100元
㊻華僑經商致富術	廖松濤編譯	130元
㊼豐田式銷售技巧	廖松濤編譯	120元
㊽如何掌握銷售技巧	王昭國編著	130元
㊾一分鐘推銷員	廖松濤譯	90元
㊿洞燭機先的經營	鐘文訓編譯	150元
51ＩＢＭ成功商法	巴克·羅傑斯著	130元
52新世紀的服務業	鐘文訓編譯	100元
53成功的領導者	廖松濤編譯	120元
54女推銷員成功術	李玉瓊編譯	130元
55ＩＢＭ人才培育術	鐘文訓編譯	100元
56企業人自我突破法	黃琪輝編著	150元
57超級經理人	羅拔·海勒著	100元
58財富開發術	蔡弘文編著	130元
59成功的店舖設計	鐘文訓編著	150元
60靈巧者成功術	鐘文訓編譯	150元
61企管回春法	蔡弘文編著	130元
62小企業經營指南	鐘文訓編譯	100元
63商場致勝名言	鐘文訓編譯	150元
64迎接商業新時代	廖松濤編譯	100元
65透視日本企業管理	廖松濤　譯	100元
66新手股票投資入門	何朝乾　編	150元
67上揚股與下跌股	何朝乾編譯	150元

㊽股票速成學	何朝乾編譯	180元
㊾理財與股票投資策略	黃俊豪編著	180元
㊿黃金投資策略	黃俊豪編著	180元
71厚黑管理學	廖松濤編譯	180元
72股市致勝格言	呂梅莎編譯	180元
73透視西武集團	林谷燁編譯	150元
74推銷改變我的一生	柯素娥 譯	120元
75推銷始於被拒	盧媚璟 譯	120元
76巡迴行銷術	陳蒼杰譯	150元
77推銷的魔術	王嘉誠譯	120元
78 60秒指導部屬	周蓮芬編譯	150元
79精銳女推銷員特訓	李玉瓊編譯	130元
80企劃、提案、報告圖表的技巧	鄭 汶 譯	180元
81海外不動產投資	許達守編譯	150元
82八百伴的世界策略	李玉瓊譯	150元
83服務業品質管理	吳宜芬譯	180元
84零庫存銷售	黃東謙編譯	150元
85三分鐘推銷管理	劉名揚編譯	150元
86推銷大王奮鬥史	原一平著	150元
87豐田汽車的生產管理	林谷燁編譯	元

・成功寶庫・ 電腦編號02

①上班族交際術	江森滋著	100元
②拍馬屁訣竅	廖玉山編譯	110元
③一分鐘適應法	林曉陽譯	90元
④聽話的藝術	歐陽輝編譯	110元
⑤人心透視術	多湖輝著	100元
⑥克服逆境的智慧	廖松濤 譯	100元
⑦不可思議的人性心理	多湖輝 著	120元
⑧成功的人生哲學	劉明和 譯	120元
⑨求職轉業成功術	陳 義編著	110元
⑩上班族禮儀	廖玉山編著	120元
⑪接近心理學	李玉瓊編著	100元
⑫創造自信的新人生	廖松濤編著	120元
⑬卡耐基的人生指南	林曉鐘編譯	120元
⑭上班族如何出人頭地	廖松濤編著	100元
⑮神奇瞬間瞑想法	廖松濤編譯	100元
⑯人生成功之鑰	楊意苓編著	150元
⑰當一個享受成功的人	戴恆雄編著	100元
⑱潛在心理術	多湖輝 著	100元